vegetariano
flexible

La edición original de esta obra ha sido publicada en el Reino Unido
en 2017 por Frances Lincoln Limited, sello editorial de Quarto Publishing
Group, con el título

The Flexible Vegetarian

Traducción del inglés
Gemma Fors

Ilustración de la cubierta, Katrin Coetzer
Diseño de la cubierta, Sarah Allberrey

Impreso en China
Depósito legal: B 24.261-2018
Código IBIC: WBJ
ISBN 978-84-16407-54-5

vegetariano
flexible

JO PRATT

FOTOGRAFÍAS DE SUSAN BELL

cincotintas

Contenidos

Introducción

Comprender lo que define a un vegetariano como «flexible» es bastante sencillo.
Un vegetariano flexible es una persona que desea ingerir menos carne y pescado,
hacerlo solo ocasionalmente o quizás solo si es ecológico. También puede ser alguien
que desea dejar de comer carne por completo, pero que se aviene a ofrecerla a familia
y amigos. Es posible que se proponga que los ingredientes de sus platos sean más
sostenibles, más respetuosos con el medio ambiente, incluso más económicos y
saludables. Y quiere poder cocinar de manera flexible, añadir carne o pescado cuando
convenga, pero contar con una buena colección de recetas vegetarianas brillantes
para cada ocasión.

Yo paso gran parte de la semana fácil y deliciosamente sin comer carne. Pero de
vez en cuando me gusta traspasar mis límites «vegetarianos». Tal vez invito a los
amigos a cenar y me propongo ofrecer algo que guste a todos, o el domingo vienen los
suegros y no me planteo prescindir de la carne, o quizás me veo obligada a consumir
el pollo que sobró del mencionado domingo. A veces, simplemente me apetece un poco
de salmón. De ahí procede la inspiración para el presente libro: de los momentos que
traspasan el límite de lo vegetariano.

Las recetas están diseñadas para poder tomarlas solas o con carne o pescado. Se
puede disfrutar del Estofado de cebada perlada con boniato (p. 110) el martes
para cenar y animar el plato con chorizo para almorzar el miércoles. O preparar
un brunch dominical con Tortitas americanas con «beicon» de tofu (p. 21) para uno
mismo y con beicon de verdad para la pareja. Hay platos para todas las ocasiones,
estados de ánimo, gustos e invitados.

Asimismo, todas mis recetas están pensadas para ofrecer un equilibrio nutricional
sin complementarlas con carne o pesado. Es fácil incluir proteínas recurriendo a
legumbres, frutos secos, semillas, productos a base de soja o integrales, huevos y
productos lácteos, que contribuyen a potenciar la riqueza de sabores y texturas. Pero
existe una enorme variedad de hortalizas e ingredientes vegetales poco habituales y
atractivos en los supermercados, tiendas de barrio o mercados, y he querido escribir
un libro de cocina que les rinda homenaje.

Este libro está repleto de recetas sabrosas y saciantes cuidadosamente reunidas,
probadas y comprobadas por mí misma, en las que se priorizan los vegetales pero
sin excluir otros ingredientes. ¡Espero que disfrute cocinándolas tanto como yo he
gozado escribiéndolas!

Desayunos y brunch

Ningún día debería empezar sin un delicioso desayuno, tanto si uno tiene prisa como si le sobra tiempo. Este capítulo está lleno de alternativas saciantes al desayuno tradicional, desde buñuelos de calabacín con «beicon» de tofu hasta un completo bol de quinoa.

Cremas y sopas

Soy una gran aficionada a las cremas o sopas consistentes y los caldos reconfortantes, y su versatilidad: cenas cómodas, almuerzos ligeros y aromáticos, boles tentadores para dar comienzo a una cena con amigos. Opte por una receta con mucha verdura, como la Ribollita italiana (p. 59) o utilice anacardos como base de una sopa más espesa (p. 56). Estas recetas se alejan infinitamente de la consabida sopa de sobre.

Platillos

Estas recetas están pensadas para ser versátiles: sírvalas individualmente como entrantes, como comida ligera, a modo de guarnición o monte un festín de tapas cuando convoque a amigos y familiares.

Grandes platos

Recetas para impresionar. Inspirados en cocinas de todo el mundo, hay platos para diferentes estados de ánimo. Reúne elaboraciones que requieren más tiempo –como la Tarta cremosa de champiñones, puerros y castañas (p. 102)– y otras que se preparan rápido para tomar entre semana, como las Hortalizas de verano con chile y alubias borlotti (p. 116).

Dips y bocados para picar

Trucos de despensa para sacárselos de la manga: dips coloridos, pestos inusuales, humus animados, caldo vegetal indispensable, aliños con sabor y bocados irresistibles.

Carne y pescado en su punto

¿Carne? ¿En un libro vegetariano? Bueno, sí. Resulta práctico incluir algunas ideas simples y deliciosas con carne y pescado que se pueden servir junto con las recetas vegetarianas si es preciso. Aquí encontrará inspiración para aportar sabor y consejos para una cocción perfecta.

Despensa del vegetariano flexible

Al vegetariano flexible que cocine cualquier día de la semana le resultará práctico mantener una despensa y un frigorífico bien surtidos (además de muchas verduras frescas). He aquí algunos ingredientes básicos de los que vale la pena disponer en todo momento.

Alubias

Por cuestiones de tiempo y practicidad, casi siempre utilizo judías en conserva. Actualmente existe una enorme variedad y representan una fantástica fuente de proteínas y fibra; son ideales para dar consistencia a una comida del mismo modo que lo hace la carne.

Cereales

Forman la base de muchos platos vegetarianos y proporcionan tanto hidratos de carbono como, en la mayoría de casos, proteínas. Disponga de una selección variada en la despensa para recurrir a ellos cuando lo desee. Espelta, quinoa, cebada, bulgur, farro, cuscús, arroz, avena… todos son fáciles de encontrar y se conservan mucho tiempo.

Frutos secos y semillas

Llenos de proteínas, grasas saludables, vitaminas y minerales, los frutos secos pueden utilizarse de muchas maneras, desde mezclarlos y chafarlos para esparcir sobre un plato hasta elaborar nata, salsas para picar y pesto.

Huevos

El alimento más práctico y repleto de nutrientes. Los huevos se encuentran entre mis ingredientes favoritos por su versatilidad. Elija huevos ecológicos o de cría campera; para las recetas del libro siempre los uso grandes (a menos que indique lo contrario).

Lentejas

Una fuente muy rica de proteínas e hidratos de carbono, disponibles en diversidad de colores, formas y tamaños, cada una con sus propios usos. Las verdes y pardas son ideales para ensaladas y estofados, ya que suelen mantenerse enteras al cocerlas. Las rojas partidas y las amarillas se deshacen al cocinarlas y forman una pasta/puré que va muy bien para espesar sopas, guisos y el clásico dhal asiático. Las lentejas verdes de Puy son más firmes y más sabrosas, perfectas para cocerlas y añadirlas a una ensalada.

Pasta miso

Es el ingrediente indispensable para conseguir el sabor umami (como a levadura y salado). Se elabora a partir de granos de soja fermentados y puede usarse para aportar sabor a caldos, marinadas y aliños. Existen varios tipos, pero los más comunes son el blanco (más dulce y suave) y el rojo (más sabroso y fuerte).

Pimentón ahumado

Esta fantástica especia aporta un sabor consistente, ahumado, que casi recuerda al de la carne. Se puede encontrar dulce y picante, de modo que hay que saber cuál se usa, porque el picante puede serlo mucho.

Quesos

Son perfectos para aportar diversos sabores y texturas, tanto como ingrediente principal como complementario. Cabe destacar que algunos quesos no son estrictamente vegetarianos, dado que contienen cuajo animal. El parmesano es el más conocido, y lo utilizo bastante en el presente libro, pero existen variedades de parmesano vegetarianas que funcionan igual de bien, o simplemente se puede sustituir por otro queso curado. También empleo paneer, feta y halloumi a menudo: todos ellos quesos vegetarianos muy adaptables.

Tahina

Una pasta rica en proteínas elaborada a base de semillas de sésamo molidas, conocida principalmente como ingrediente del humus. También sirve para preparar aliños y salsas, o untarla sobre pan tostado.

Tofu

El tofu es un derivado de la soja y un ingrediente altamente proteico muy útil. Puede servirse de diversas formas, desde suave hasta crujiente. Puede adquirirse en paquetes refrigerados o no refrigerados. Por sí solo es bastante soso, pero combina bien con prácticamente cualquier sabor. El tofu extrafirme es el mejor para asar, cocinar a la plancha, freír o sofreír, mientras que el blando o sedoso es más apto para salsas, condimentos, postres y batidos.

Yogur / labneh

Me encanta el labneh (queso de yogur procedente de Oriente Medio). Lo utilizo unas cuantas veces en el presente libro. Puede adquirirse en tiendas especializadas en alimentación oriental o en grandes supermercados. Es verdaderamente sencillo elaborarlo en casa con yogur griego o normal (natural), y se le pueden añadir hierbas o especias si se desea. Es fenomenal para wraps, ensaladas, como salsa para picar o con patatas asadas. En la p. 153 hallará una receta con labneh.

Alternativas veganas

Leche Leches sin azucarar de frutos secos, avena, arroz, soja o coco. Existen numerosas marcas en las tiendas, pero también se puede elaborar en casa.

Yogur Hay yogures de coco, soja o avena, y son fáciles de encontrar.

Nata Cada vez es más común la nata sin azucarar de frutos secos, avena o soja. ¿Por qué no atreverse a prepararla en casa? Véase la p. 56 para una receta de nata de anacardos.

Parmesano vegetariano La levadura nutricional en polvo aporta un sabor parecido al del queso.

Huevos enteros para platos al horno Sustitúyalos con semillas de chía: simplemente, mezcle 1 cucharada de semillas de chía con 3 cucharadas de agua para sustituir 1 huevo.

Claras de huevo Sustitúyalas con el líquido escurrido de los garbanzos en conserva (aquafaba). Solo hay que batirlo hasta que quede esponjoso. Es ideal para tortitas y fenomenal en lugar de la clara de huevo para los Garbanzos crujientes al wasabi (p. 159).

Desayunos
y brunch

Tortitas americanas
con «beicon» de tofu y jarabe de arce

Suaves, gruesas y esponjosas, las tortitas (o pancakes), en mi casa se encuentran en el menú del desayuno casi cada fin de semana. A veces las servimos con arándanos y yogur griego, otras espolvoreadas con azúcar a la canela y rodajas de plátano. En ocasiones especiales, frío beicon para servirlo encima y luego lo riego con jarabe de arce. Recientemente probé la alternativa del «beicon» de tofu… y para mi sorpresa, funcionó de maravilla. Salado, ahumado, sabroso, ligeramente dulce y crujiente, todas las cualidades del beicon pero con menos grasa. A diferencia del beicon que puede freírse al sacarlo del frigorífico, esta versión con tofu requiere cierta planificación la vigilia. Pero vale la pena porque se puede utilizar para numerosas recetas, desde un bocadillo clásico de beicon, lechuga y tomate hasta un ingrediente final para adornar sopas y ensaladas.

---

175 g harina leudante

1 huevo

½ cucharadita de levadura en polvo

300 ml de suero de mantequilla

una pizca de sal

1 cucharada de azúcar extrafino

aceite para freír

jarabe de arce, para servir

Para el «beicon»

aprox. 350 g de tofu firme

125 ml de salsa de soja

1 cucharada de concentrado de tomate

1 cucharada de jarabe de arce

2 cucharaditas de pasta Marmite (extracto de levadura)

1 cucharadita de pimentón dulce

125 ml de agua

Tiempo de preparación 45 minutos + 8 horas de presión y marinado
Raciones 4

Primero, prepare el «beicon». Escurra el tofu y dispóngalo en una bandeja pequeña con mucho papel de cocina o trapos limpios. Coloque otra bandeja plana encima y ponga sobre la misma un peso, como un par de libros, para que acabe de escurrirse el líquido del tofu. Déjelo así unas 4 horas. Puede incluso dejarlo más tiempo.

Corte el tofu en láminas muy finas y póngalo en un cuenco poco hondo. Mezcle el resto de ingredientes para el «beicon» y vierta la mezcla por encima del tofu. Refrigérelo unas 4 horas para que marine.

Para la masa de las tortitas, simplemente bata los ingredientes juntos en una batidora o a mano.

Caliente un par de sartenes grandes a fuego bajo-medio, una para las tortitas y la otra para el «beicon».

Para cocinar las tortitas, añada suficiente aceite a la sartén caliente para cubrir el fondo. Vierta cucharones de la masa a la sartén y déjela cocer 1-2 minutos hasta que se empiecen a formar burbujitas. Con cuidado, deles la vuelta y cocine el otro lado 1 minuto. Probablemente le cabrán tres o cuatro a la vez en la sartén. Siga preparando las tortitas y mantenga las hechas calientes en un plato cubierto con un trapo de cocina.

Añada un chorrito de aceite a la segunda sartén. Escurra el tofu de la marinada (la puede reutilizar tantas veces como desee, pero es mejor desecharla pasados 3-4 días), y séquelos con papel absorbente. Fría unas cuantas láminas a la vez durante 1-2 minutos, dándoles la vuelta a media cocción, hasta que queden bien doradas y crujientes.

Sirva las tortitas esponjosas amontonadas en los platos con el crujiente «beicon» de tofu y mucho jarabe de arce por encima.

Flexible
Por supuesto, puede prescindir de la preparación del «beicon» de tofu y utilizar el de verdad.

Tortilla verde

Esta tortilla resulta adecuada como brunch, almuerzo o cena ligera, pero me parece espectacular para empezar el día con el estómago lleno, listo para una jornada a tope.

Se pueden usar las hierbas o verduras que se tengan a mano: esta receta es solo un ejemplo. La clave consiste en utilizar huevos de la mejor calidad y evitar cocerlos en exceso para que no queden como goma. Ligeramente cuajados del centro y sin color en la base es el punto ideal.

———————————————

2 puñados grandes de hortalizas verdes como espárragos, judías, brócoli, calabacín, cebolla tierna

1 cucharada de aceite de colza o de oliva, y un poco más servir

3 huevos grandes

un puñado de eneldo picado, y un poco más servir

una nuez de mantequilla

raspadura rallada de ¼-½ limón

2 cucharadas de nata para cocinar o nata agria

copos de sal marina y pimienta negra recién molida

Tiempo de preparación 15 minutos / **Raciones** 1

Corte finamente las verduras. Caliente el aceite en una sartén a fuego medio y saltee las verduras hasta que queden blandas y casi doradas.

Mientras, rompa los huevos en un cuenco. Añada el eneldo, la sal y un poco de pimienta negra, y bata con un tenedor. Caliente una sartén pequeña para tortillas a fuego medio-alto y agregue la mantequilla. Cuando la mantequilla burbujee, mueva la sartén y luego añada el huevo. Utilice el dorso de un tenedor para mover el huevo por la sartén hasta que cuaje. Allane la tortilla y deje que cueza alrededor de 1 minuto, hasta que el huevo de la parte central esté cocido.

Mezcle la raspadura de limón, nata, sal y pimienta con las verduras, y viértalas sobre el huevo. Con una espátula, doble la mitad de la tortilla por encima y pásela a un plato.

Acabe con un poco de pimienta negra, un hilillo de aceite y un poco de raspadura de limón y eneldo por encima.

Flexible
El pescado y el marisco combinan muy bien con el eneldo y el limón para esta tortilla; pruebe un par de lonchas de salmón ahumado troceadas, un puñado de langostinos cocidos o 50 g de carne de cangrejo como relleno.

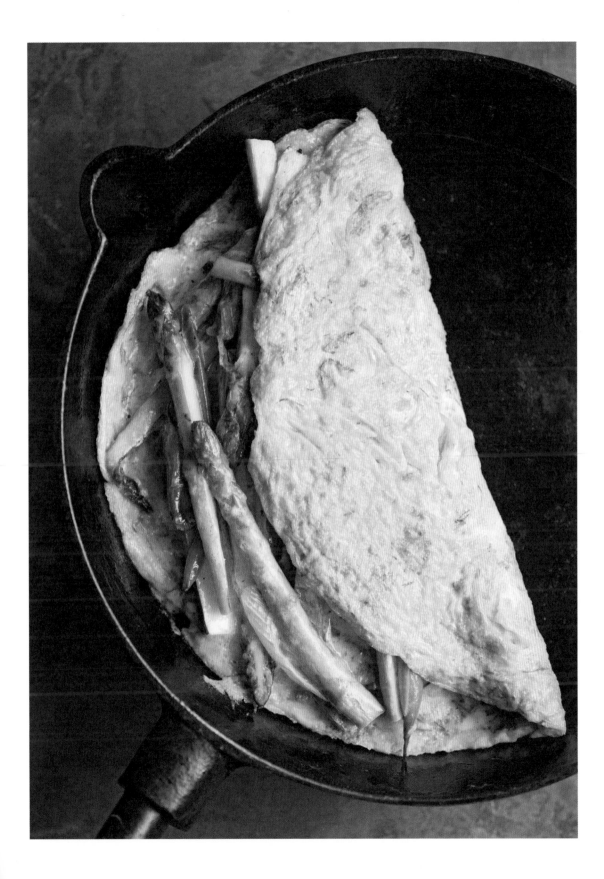

Tostada de setas con miso

Esta es una sencilla mezcla de setas con un saciante sabor umami. Se trata de una receta completa tal cual, pero suelo servirla con un huevo frito o escalfado encima y unas hojas de espinacas cocidas: así se obtiene un plato más completo, para almorzar o cenar, más que para un brunch.

---

aprox. 250 g de setas variadas, como shiitake, seta de ostra, portobello, champiñón marrón

1 cucharada de aceite

25 g de mantequilla

2 dientes de ajo, pelados y picados

2-4 rebanadas de pan de masa madre, centeno, semillas u hogaza

1 cucharada colmada de pasta miso blanca

4 cucharadas de nata o nata para cocinar

una pizca de copos de guindilla secos

salsa de soja, para condimentar

un puñado de perejil picado

pimienta negra recién molida

jengibre encurtido, para servir

Tiempo de preparación 15 minutos / **Raciones** 2

Limpie la suciedad de las setas cepillándolas con un cepillo de cocina o con papel de cocina, y luego córtelas en trozos de tamaño parecido. Caliente una sartén grande a fuego fuerte y añada el aceite y la mantequilla.

Cuando la mantequilla se haya derretido y burbujee, incorpore las setas. Fríalas a fuego fuerte, removiendo de vez en cuando hasta que empiecen a dorarse. Hacia el final de la cocción, añada el ajo, de modo que se cocine brevemente sin quemarse.

Mientras, tueste el pan ligeramente.

Baje el fuego y añada la pasta miso, la nata y un chorrito de agua caliente, unos 75 ml, a las setas. Mueva la sartén hasta obtener una salsa cremosa. Condimente con la guindilla, la salsa de soja, el perejil y un poco de pimienta negra. Sírvalo con una cuchara sobre las tostadas y acompáñelas de jengibre encurtido.

Flexible
Una loncha de salmón ahumado a la plancha servida sobre las setas intensifica el sabor umami y aporta una textura deliciosa.

Bol de Buda para desayunar

Un «bol de Buda» (Buddha bowl, en inglés) es un plato completo y nutritivo elaborado con variedad de ingredientes saludables como cereales, verduras crudas o cocidas, proteínas, frutos secos, semillas y condimentos. Se amontonan en un bol (que parecerá la barriga redonda de un Buda) para obtener una comida sabrosa y equilibrada. Aquí he utilizado algunos de mis ingredientes preferidos que sirven para la hora del brunch, pero puede usted jugar con los sabores o aprovechar sobras de arroz hervido, hortalizas guisadas, legumbres y hojas de ensalada. La receta incluye la preparación de semillas aderezadas –se conservan hasta 3 semanas en un recipiente hermético, de modo que puede picar de las sobrantes a lo largo del día, espolvorearlas sobre ensaladas o verduras asadas, o utilizarlas para preparar otro bol de Buda.

---

125 g de semillas variadas (de lino, calabaza, sésamo, girasol y amapola)

2 cucharaditas de salsa de soja

2 cucharaditas de sirope de agave

2 cucharaditas de especias ras-el-hanout

aceite de oliva virgen extra

150 g de quinoa

375 ml de caldo vegetal

4 huevos

1 calabacín grande, rallado bastamente

raspadura fina y zumo de ½ limón

un puñadito de hojas de menta, troceadas

3 cucharadas de tahina

4 cucharadas de yogur natural

2 aguacates maduros grandes, pelados y en láminas

4 cucharaditas de pasta harissa

copos de sal marina y pimienta negra recién molida

Tiempo de preparación 40 minutos / **Raciones** 4

Caliente el horno a 160 ºC / gas potencia 3.

Mezcle las semillas, la salsa de soja, el sirope de agave, las especias ras-el-hanout y una cucharadita de aceite de oliva. Extiéndalas sobre una bandeja del horno y áselas 15-20 minutos hasta que se doren, moviendo la bandeja a medio proceso. Retire del horno y deje templar.

Para cocer la quinoa, caliente un cazo mediano a fuego fuerte. Añada la quinoa y tuéstela en el cazo unos 30 segundos, moviéndolo para que no se pegue la quinoa. Vierta el caldo y deje que hierva 1 minuto. Baje el fuego. Cubra con tapa y cueza 10 minutos. Pasado este tiempo, apague el fuego y deje reposar 5 minutos antes de destapar y airear la quinoa con un tenedor para separar los granos.

Lleve a ebullición un cazo con agua e incorpore los huevos. Cuando vuelva a burbujear, cueza 7 minutos para que la clara cuaje y la yema quede cocida y suave. Retire del cazo y cuando se enfríen un poco, pélelos y córtelos por la mitad a lo largo.

Mezcle el calabacín con la raspadura y zumo de limón, la menta, un chorro de aceite de oliva, sal y pimienta.

Mezcle la tahina con el yogur y eche una pizca de sal. Dilúyalo un poco con unas gotas de agua para conseguir la consistencia de nata líquida.

Para servir, disponga la quinoa en boles y ponga encima el calabacín, el aguacate, los huevos, una cucharada del yogur con tahina, una cucharadita de harissa y al final unas cuantas semillas tostadas.

Flexible

Las opciones son infinitas dado que el objetivo de estos platos consiste en ser flexibles a la hora de combinar ingredientes. Para un desayuno o brunch, me gusta añadir salmón ahumado, trucha ahumada o caballa ahumada: se pueden adquirir listos para desmenuzar en el bol.

Quesadillas de alubias y setas ahumadas

Las quesadillas son lo más en cuanto a comida rápida casera: son fáciles y rápidas de preparar y solo se precisan unos pocos ingredientes. La idea básica de la quesadilla mexicana consiste en un relleno entre dos tortillas que luego se fríen o tuestan por ambos lados. El queso favorece que el relleno aguante sin salir. No obstante, en lugar de usar demasiado queso, a mí me gusta utilizar alubias chafadas y setas fritas, junto con algún otro ingrediente que forme una quesadilla deliciosa, nutritiva y saciante.

---

aceite de oliva

300 g de setas (las que tenga: champiñón, champiñón marrón, portobello), en trocitos pequeños

3 dientes de ajo, pelados y troceados

2 botes de 400 g de alubias, escurridas

2 pimientos rojos asados, picados o en rodajas

½ cucharadita de pimentón

un buen puñado de perejil picado

8 tortillas mexicanas

150 g de queso cheddar y mozzarella rallados y mezclados

sal marina y pimienta negra recién molida

Tiempo de preparación 25 minutos / **Raciones** 4

Caliente una sartén grande a fuego medio-alto y añada un chorro de aceite de oliva. Cuando esté caliente, eche las setas y sofríalas hasta que se doren y se ablanden. Incorpore el ajo y salpimiente. Cueza un minuto más, luego retire del fuego.

Chafe bastamente las alubias con el pimiento rojo, el pimentón, el perejil y unas gotas de aceite, y salpimiente.

Disponga cuatro tortillas sobre una superficie y reparta las alubias entre ellas. Extiéndalas hacia los márgenes. Añada las setas y luego esparza el queso por encima. Cubra el relleno con las otras cuatro tortillas y allane con la palma de la mano.

Limpie la sartén con papel de cocina y póngala a fuego bajo. Vierta unas gotas de aceite y cocine las quesadillas una a una, un par de minutos por cada lado para que se doren, dándoles la vuelta con cuidado con ayuda de una espátula. Si le resulta más fácil, deles la vuelta con un plato antes de devolverlas a la sartén.

Córtelas en triángulos y sírvalos calientes.

Flexible

Es sencillo preparar unas quesadillas vegetarianas y otras no. Siga la receta básica y, cuando rellene las quesadillas, añada a la mitad de ellas pollo asado, carne de cerdo o jamón. Si no dispone de sobras, también queda bien añadir unos 40 g de chorizo en dados por persona. Si no le importa preparar unas quesadillas con carne, fría el chorizo con las setas y prescinda del pimentón.

Hamburguesas de maíz, paneer y cúrcuma
con setas, tomate y huevo escalfado

Este es un plato colorido lleno de sabores que despertará sus papilas gustativas. Las setas y los tomates se asan al punto y las hamburguesas de maíz aportan el toque especiado. Cúrcuma, jengibre, comino, cilantro y cebolleta se combinan con queso paneer y maíz dulce para convertir las hamburguesas en la estrella del plato.

---

4 champiñones o setas portobello grandes

4 tomates maduros, partidos por la mitad

aceite de oliva

225 g de queso paneer, rallado

150 g de maíz dulce

4 cucharadas de harina blanca

2 cebollas tiernas, picadas finas

1 trozo de jengibre fresco de 1 cm, pelado y rallado

2 cucharaditas de cúrcuma molida

½ cucharadita de comino molido

un manojito de cilantro, troceado

6 huevos

2 cucharadas de vinagre de vino blanco o de malta

copos de sal marina y pimienta negra recién molida

Tiempo de preparación 30 minutos / **Raciones** 4

Caliente el horno a 200 °C / gas potencia 6.

Disponga las setas y el tomate en una bandeja de horno. Rocíelos generosamente con aceite de oliva y salpimiente. Áselos en el horno unos 20 minutos hasta que las setas queden doradas y tiernas, dándoles la vuelta a media cocción.

Ponga el queso rallado, el maíz, la harina, la cebolla, el jengibre, la cúrcuma, el comino, el cilantro, una cucharadita de sal y una buena cantidad de pimienta en un bol. Bata ligeramente dos de los huevos y añádalos al bol. Mézclelo todo bien. Con las manos mojadas, divida la masa y forme cuatro hamburguesas gruesas.

Caliente una sartén mediana o grande a fuego medio con suficiente aceite de oliva para cubrir la base. Fría en ella las hamburguesas, unos 3 minutos por cada lado, hasta que se doren y adquieran firmeza.

Mientras se cocinan las hamburguesas, lleve a ebullición una olla con agua. Agregue el vinagre y rompa dentro los cuatro huevos restantes. Déjelos cocer 3 minutos.

Disponga las hamburguesas en platos, cubra con las setas y los tomates, y ponga encima los huevos escalfados. Salpimiente ligeramente y disfrute.

Flexible
La receta se puede flexibilizar de diversas formas: se puede convertir en un brunch de acento angloindio si lo sirve con beicon o salchichas fritos; también puede freír unas rodajas de morcilla para acompañar; o añadir 75 g de lonchas finas de jamón o pastrami antes de dar forma a las hamburguesas.

Buñuelos de calabacín
con aguacate y queso halloumi

*Vale la pena levantarse de la cama
para degustar estos buñuelos...
especialmente si uno está hecho polvo
porque ha salido la noche anterior.
Cumplen con todo: un poco salados,
un poco especiados, fritos, con muchos
ingredientes saludables, y saciantes,
reconfortantes y nutritivos.*

*Para que estos buñuelos queden
esponjosos por dentro y crujientes por
fuera, yo salo el calabacín rallado
y lo dejo 10-20 minutos para que
escurra el exceso de líquido. Si no
tiene usted el tiempo o la paciencia,
mézclelo todo –pero cocine los buñuelos
inmediatamente, antes de que el
calabacín se empiece a pasar.*

---

3 calabacines medianos (unos 500 g)

2 aguacates maduros

zumo de 1 lima

1 pimiento rojo picante, picado

40 g de harina blanca

40 g de polenta o sémola

1 cucharadita de levadura en polvo

3 huevos, ligeramente batidos

un manojito de menta o cilantro, troceado

4 cebollas tiernas, picadas

aceite de oliva, para freír

un trozo de 250 g de queso halloumi

1 pimiento rojo asado, en tiras

copos de sal marina y pimienta negra
    recién molida

Tiempo de preparación 50 minutos / **Raciones** 4

Ralle bastamente el calabacín, déjelo en un colador sobre un
cuenco y sálelo con ½ cucharadita de sal. Espere 10-20 minutos
para eliminar el exceso de agua.

Mientras, pele el aguacate y añada la pulpa en un bol con el zumo
de lima, el pimiento picante, una pizca de sal y pimienta negra.
Cháfelo con un tenedor y reserve.

Con las manos, escurra el agua del calabacín y dispóngalo en un
cuenco. Incorpore la harina, la polenta, la levadura, los huevos,
la menta o el cilantro y la cebolla. Mezcle bien hasta formar una
pasta y condimente ligeramente.

Caliente dos sartenes. En una, vierta un buen chorro de aceite
de oliva, suficiente para cubrir el fondo. Añada la pasta de los
buñuelos a cucharadas y allánela levemente con una espátula.
Cueza un par de minutos para que se doren y deles la vuelta
para que se hagan del otro lado un par de minutos más. Repita la
operación hasta acabar la pasta de buñuelos.

Corte el queso en láminas finas y póngalas en la sartén seca.
Cocínelas hasta que se doren por un lado, lo cual tardará alrededor
de 1 minuto, y luego deles la vuelta y repita.

Sirva los buñuelos en platos con el queso, una buena cucharada de
aguacate y tiras de pimiento asado.

Flexible
*Sustituya el queso por la misma cantidad
de salmón ahumado, o una de mis opciones
preferidas, chorizo frito.*

Kedgeree
con chalotas crujientes

El kedgeree se considera un desayuno tradicional británico, pero en realidad empezó siendo un humilde plato indio a base de arroz y lentejas, llamado «khichari». Cuando llegó a la Gran Bretaña victoriana, se introdujo la versión con pescado ahumado, así como otras adaptaciones a lo largo de los años, como descartar las lentejas y añadir nata, mantequilla y huevos. He elaborado una receta parecida a la original al reintroducir las lentejas, pero también uso leche de coco en lugar de nata, lo cual resalta el sabor del plato.

---

60 g de lentejas de Puy

200 g de arroz basmati

50 g de mantequilla

1 cebolla, picada

1 pimiento verde picante, sin semillas y picado

un trozo de 2 cm de jengibre, pelado y rallado

1 cucharada de semillas de mostaza

1 cucharada colmada de curry en polvo suave

400 ml de leche de coco ligera

2 chalotas

1 cucharada de harina de maíz

aceite de girasol, para freír

4 huevos

1 cucharada colmada de eneldo picado

1 cucharada colmada de cilantro picado

zumo de ½-1 limón

copos de sal marina ahumada (la normal también sirve)

pimienta negra recién molida

hojas de cilantro y eneldo, para servir

Tiempo de preparación 45 minutos / **Raciones** 4

Ponga las lentejas en una olla con agua hirviendo y cocínelas hasta que queden tiernas, según las instrucciones del envase. Escúrralas, manténgalas calientes y reserve.

Lave bien el arroz bajo el grifo para eliminar el exceso de almidón.

Caliente una sartén grande a fuego bajo-medio y añada la mantequilla. Cuando esté caliente, incorpore la cebolla, el pimiento y el jengibre. Cueza unos 10 minutos hasta que la cebolla se ablande, luego añada las semillas de mostaza y el curry. Siga cociéndolo un minuto más, luego incorpore el arroz, removiendo para que se impregne de la mantequilla aromatizada.

Vierta la leche de coco y 200 ml de agua. Suba el fuego, lleve a ebullición, cubra con tapa y baje el fuego. Cueza 12-15 minutos hasta que haya absorbido todo el líquido pero mantenga una textura algo cremosa.

Corte la chalota en aros y páselos por la harina de maíz. Caliente unos 5 cm de aceite en una sartén pequeña. Fría la chalota 1-2 minutos para que quede crujiente y se dore un poco. Escúrrala sobre papel de cocina y espolvoréela con sal.

Lleve una olla pequeña con agua a ebullición. Añada los huevos y hiérvalos 6 minutos. Retírelos del agua, enfríelos bajo un chorro de agua fría, y luego pélelos y córtelos en cuartos.

Incorpore las lentejas, las hierbas y el zumo de limón al kedgeree. Salpimiente. Sirva en platos y disponga el huevo encima, con hojas de cilantro y eneldo, y la chalota.

Flexible
En la receta tradicional, se escalfa el emperador ahumado en la leche que luego se utiliza para cocer el arroz. Pero si quiere servir el pescado solo en algunas raciones individuales, simplemente escalfe con leche (que no sea de coco) filetes pequeños de emperador ahumado (unos 125 g por persona), en una olla distinta, unos 5 minutos para que se cocinen bien. Para obtener más sabor añada granos de pimienta negra y una hoja de laurel a la leche. Desmenuce el pescado escalfado sobre el kedgeree y disponga encima las hierbas, los huevos y las chalotas.

Shakshuka

*La shakshuka –un desayuno clásico
en Oriente Medio– es una receta que
funciona bien a cualquier hora del día
o la noche. Es rápida, sencilla, utiliza
ingredientes cotidianos y es muy
fácil de preparar en mayor o menor
cantidad.*

*La clave para una buena shakshuka
consiste en evitar cocer demasiado
los huevos. Las claras deben quedar
apenas cocidas y las yemas algo
líquidas. Cocínelos a fuego bajo y
tápelos con la tapa al añadirlos, luego
déjelos reposar un par de minutos
antes de pasarlos a los platos. Sírvalos
con pan crujiente o pan de coca
tostado para mojar en las yemas y el
jugo del tomate.*

---

3 cucharadas de aceite de oliva

1 cebolla, en láminas finas

1 pimiento verde, en dados

1 pimiento rojo, en dados

4 dientes de ajo, pelados y picados

2 cucharaditas de pimentón

½ cucharadita de semillas de comino

2 cucharaditas de pasta harissa

2 latas de 400 g de tomate troceado

1 cucharada de zumo de limón

2 cucharaditas de azúcar extrafino

4-8 huevos, según el hambre

un manojito de cilantro, bastamente troceado

100 g de queso feta desmenuzado o labneh,
    opcional

copos de sal marina y pimienta negra
    recién molida

Tiempo de preparación 1 hora / **Raciones** 4

Caliente el aceite de oliva en una sartén grande con tapa a fuego
medio y añada la cebolla. Sofríala hasta que se dore, luego añada
los pimientos. Sofría unos 5 minutos o hasta que se ablanden, luego
incorpore el ajo, el pimentón y el comino. Cueza un par de minutos
para que desprendan su aroma.

Incorpore la harissa, el tomate troceado, el zumo de limón y el
azúcar. Lleve a ebullición y cocínelo a fuego lento unos 30 minutos
hasta que la salsa espese. Pruebe de sal y rectifique si es necesario.

Forme 4-8 huecos en la salsa (según los huevos que vaya a cocer) y
rompa en ellos los huevos. Condiméntelos ligeramente, luego baje el
fuego tanto como sea posible. Cubra con tapa y cueza 5-6 minutos
hasta que las claras cuajen y las yemas queden algo líquidas. Es
posible que precise más tiempo si prepara dos huevos por persona.
Retire del fuego, manteniendo la tapa puesta, y deje reposar un par
de minutos para que las claras se cuezan un poco más.

Si desea más sabor, espolvoree con cilantro y queso feta o labneh, y
disfrute.

Flexible
*No se trata de un ingrediente tradicional
para la shakshuka, pero añadir dados de
chorizo con la cebolla le aporta un gran
sabor. No solo le da un toque ahumado,
sino que además enriquece la salsa con su
vibrante aceite rojo.*

Cremas
y sopas

Crema de coliflor y queso
con cebolla dulce asada

Esta es una de mis candidatas a mejor receta del libro: con solo mirarla, me entran ganas de pulirme el bol entero. Es suave, con queso, y fenomenal para tomar sola, pero las cebollas asadas aportan un sabor dulce y una textura que la convierten en algo realmente especial. Resulta difícil no repetir, por lo que la receta es para ocho raciones.

---

50 g de mantequilla

1 cebolla, picada

2 dientes de ajo, pelados y troceados

1 hoja de laurel

1 coliflor grande, desmenuzada (se precisan unos 800 g de cabezuelas)

1 patata para asar, pelada y troceada

500 ml de leche

750 ml de caldo vegetal

300 g de queso para untar

1 cucharadita de mostaza inglesa

copos de sal marina y pimienta negra recién molida

1 cucharada de semillas de comino negro, para servir

Para la cebolla

4 cebollas grandes, peladas y cortadas en octavos

3 cucharadas de aceite de oliva, y un poco más para servir

50 g de mantequilla

un puñado de ramitas de tomillo

Tiempo de preparación 1 hora / **Raciones** 8

Caliente el horno a 200 ºC / gas potencia 6.

Disponga la cebolla en una bandeja de horno grande. Rocíela con el aceite, y reparta trocitos de mantequilla y las ramitas de tomillo entre los trozos. Ásela al horno 30-45 minutos hasta que quede dorada y pegajosa, dándole la vuelta y removiéndola con la mantequilla unas cuantas veces.

Para elaborar la crema, derrita la mantequilla en una sartén grande. Añada la cebolla y sofríala hasta que se ablande sin tomar color. Incorpore el ajo, el laurel, la coliflor y la patata. Baje el fuego, tape y cueza 15 minutos, removiendo de vez en cuando. Vigile para que las verduras no se doren, y si se pegan, eche un poco de agua a la sartén.

Retire la tapa y vierta la leche y el caldo. Hierva suavemente 15 minutos, o hasta que la coliflor y la patata empiecen a romperse.

Ponga el queso para untar en un bol con la mostaza y remueva con una cuchara de madera para darle consistencia de nata montada. Retire la crema del fuego y deseche la hoja de laurel. Incorpore alrededor de dos tercios del queso con mostaza. Deje templar y luego tritúrelo hasta obtener una mezcla sedosa. Probablemente deberá hacerlo en dos tandas. Salpimiente al gusto.

Sirva la crema caliente con una cucharada de queso batido, un poco de cebolla asada, unas semillas de comino negro y un hilillo de aceite de oliva.

Flexible
Añada 75 g de panceta en dados a la cebolla a media cocción y sírvalo todo sobre la crema.

Crema de calabaza y alubias
con mantequilla a la salvia y semillas

Prepare una buena olla de esta nutritiva sopa y vaya consumiéndola a lo largo de la semana para almorzar o cenar. Al asar la calabaza con cebolla, zanahoria y ajo, se acentúa su dulzor natural, y al mezclarla con caldo y alubias resulta más apetecible. A la hora de servirla, le insto a no prescindir de la mantequilla de salvia ni las semillas de calabaza tostadas, son fáciles de hacer y realmente ensalzan la crema.

aprox. 1,25 kg de calabaza, pelada, de modo
    que queden unos 750 g para usar
1 zanahoria grande
1 cebolla grande
3 dientes de ajo, pelados
aceite de oliva
2 cucharadas de semillas de calabaza
un bote de 400 g de alubias blancas en
    conserva, sin escurrir
1,5 litros de caldo vegetal
copos de sal marina y pimienta negra
    recién molida

Para la mantequilla a la salvia
50 g de mantequilla
unas 6 hojas grandes de salvia, picadas finas
un chorrito de zumo de limón

Tiempo de preparación 1 hora 20 minutos / **Raciones** 6-8

Caliente el horno a 200 °C / gas potencia 6.

Corte la calabaza, la zanahoria y la cebolla en trozos de tamaño similar. Dispóngalos en una bandeja de horno junto con el ajo. Añada un buen chorro de aceite de oliva, salpimiente y mézclelo todo para que se impregne del aceite. Áselo en el horno durante 30-40 minutos hasta que las hortalizas se ablanden y empiecen a dorarse.

Mientras se asan las hortalizas, caliente una sartén pequeña a fuego medio-alto. Añada las semillas de calabaza y remuévalas en la sartén hasta que empiecen a tostarse y a saltar. Sálelas un poco y reserve.

Retire la bandeja del horno y ponga las hortalizas en una olla a fuego alto. Añada las alubias junto con el jugo de conserva y el caldo vegetal. Lleve a ebullición y luego reduzca el fuego, y deje cocer durante 5 minutos.

Pase las hortalizas al vaso de la trituradora, por tandas, y tritúrelas hasta obtener una crema suave. Añada más caldo si es demasiado espesa y rectifique de sal y pimienta, luego sírvala en boles.

Para preparar la mantequilla a la salvia, derrita la mantequilla en una sartén caliente y cuando espumee, incorpore la salvia picada y sofríala unos segundos. Retire la sartén del fuego, añada el jugo de limón e inmediatamente añada un poco en cada bol de crema. Espolvoree las semillas de calabaza por encima y sirva enseguida.

Flexible
Fría 50 g de lonchas finas de beicon ahumado en un poco de aceite de oliva en una sartén pequeña hasta que empiece a dorarse. Añada las semillas de calabaza y siga friéndolo hasta que el beicon y las semillas estén tostaditos. Escurra sobre papel de cocina y luego échelo por encima de la crema.

Crema de maíz
con maíz dulce especiado

*Consistente, cremosa, ahumada
y saciante. Esta es mi versión de
una crema vegetariana repleta de
sabor que mantiene el estómago
lleno durante horas. El maíz dulce
especiado no es obligatorio, pero es
delicioso como toque final, si no es que
se lo ha comido todo cuando toque
servir... ¡Es difícil resistirse!*

---

2 mazorcas de maíz

aceite de oliva

50 g de mantequilla

1 rama de apio, cortada fina

1 puerro mediano, limpio y en rodajas finas

1 cucharadita de pimentón ahumado dulce

1 ramita de tomillo

1 hoja de laurel

1 cucharada de harina blanca

750 ml de leche

1 patata mediana, pelada y en dados de 1-2 cm

una pizca de copos de guindilla secos

2 cucharaditas de jarabe de arce

1 cucharadita colmada de mostaza de Dijon

1 cucharada de perejil troceado

un chorrito de zumo de limón

copos de sal marina y pimienta negra
    recién molida

Tiempo de preparación 1 hora / **Raciones** 4

Caliente el horno a 200 ºC / gas potencia 6. Ponga el maíz en
una bandeja de horno y úntelo ligeramente con aceite de oliva.
Salpimiéntelo y hornéelo 30 minutos, dándole la vuelta de vez en
cuando, hasta que quede tierno y algo dorado. Cuando esté cocido,
déjelo templar antes de desgranar las mazorcas con un cuchillo
afilado.

Derrita tres cuartas partes de la mantequilla en un cazo y añada el
apio, el puerro, el pimentón, el tomillo y el laurel. Cueza suavemente
unos 10 minutos hasta que el apio quede tierno.

Incorpore la harina, cueza unos 30 minutos antes de añadir la leche,
la patata y tres cuartas partes del maíz asado. Lleve a un suave
hervor y cueza 10 minutos hasta que la patata quede blanda pero
sin deshacerse.

Mientras, caliente una sartén pequeña con el resto de la
mantequilla. Añada el maíz reservado, los copos de guindilla y el
jarabe de arce. Cocínelo todo alrededor de 1 minuto para que el maíz
se impregne del sirope burbujeante, luego retírelo del fuego. Viértalo
sobre una bandeja forrada con papel vegetal y déjelo templar.

Retire la hoja de laurel y el tomillo de la crema, luego incorpore la
mostaza, el perejil, el zumo de limón, la sal y la pimienta. Pruebe y
rectifique de condimentos, luego sirva la crema con maíz especiado
por encima.

Flexible
*Si desea una crema de marisco, lleve a ebullición 200 ml de vino blanco, 1 diente
de ajo chafado y un manojito de perejil en un cazo grande. Añada 500 g de
almejas frescas, tape y cueza un par de minutos hasta que se abran las conchas.
Escurra y esparza las almejas sobre la crema (deseche las que no se hayan
abierto).*

Crema de espinacas
con picatostes de limón y ajo

Solo hay que mirar esta crema para imaginarse los músculos creciendo como le pasaba a cierto personaje de dibujos animados. Si se cuecen demasiado, las espinacas pueden resultar a veces algo amargas, de sabor metálico, por eso las añado justo al final de la receta, con el tiempo justo para que se enmustien antes de triturarlas. Al hacerlo, se preserva su llamativo color verde.

---

40 g de mantequilla

1 puerro, en rodajas

2 cebollas tiernas, troceadas

1 rama de apio, cortada fina

1 patata para asar mediana, pelada
   y en rodajas finas

1 hoja de laurel

1 litro de caldo vegetal

500 g de hojas de espinacas

100 g de nata para cocinar, opcional

copos de sal marina y pimienta negra
   recién molida

Para los picatostes

2 trozos de pan blanco seco

1 diente de ajo, pelado

raspadura fina de 1 limón

aceite de oliva

25 g de parmesano rallado fino o su
   equivalente vegetariano

Tiempo de preparación 30 minutos / **Raciones** 6-8

Caliente la mantequilla en un cazo grande y saltee en ella el puerro, las cebollas, el apio, la patata y la hoja de laurel un par de minutos. Tape y cueza a fuego suave unos 10 minutos para que todo se ablande sin dorarse. Remueva una o dos veces para que las verduras no se peguen.

Vierta el caldo en el cazo y lleve a una suave ebullición, tape y cueza 5 minutos o hasta que la patata quede bien tierna.

Mientras, ponga el pan, el ajo y la raspadura de limón en el vaso de la batidora y tritúrelos. Caliente un chorro de aceite en una sartén y luego fría en él las migas, removiendo hasta que se doren. Añada el parmesano, sale y reserve.

Incorpore las espinacas a las verduras, poco a poco, de modo que se vayan enmustiando. Salpimiente, retire la hoja de laurel y triture hasta obtener una crema suave de atractivo color verde.

Incorpore la nata, si la usa, y sirva con los picatostes de limón y ajo por encima.

Flexible
Añada un toque salado a los picatostes agregando 2-3 filetes de anchoa con el pan, el ajo y el limón. Fríalo como se indica y disfrute.

Crema de remolacha asada

con chirivía y rábano picante

*Cuando prepare esta crema, es
imprescindible que se asegure de
que la tapa de su batidora cierra
perfectamente bien, ¡ya que lo último
que querrá es que se produzca una
explosión morada en su cocina!
Además de su increíble color, esta
nutritiva crema es deliciosa y muy
sencilla de hacer, y puede servirse
caliente o fría.*

————————————————

750 g de remolacha cruda

400 g de chirivía, pelada y troceada

unas ramitas de tomillo

6 dientes de ajo, sin pelar

aceite de oliva

2 cucharadas de salsa de rábano picante

5 cucharadas de nata agria

1 litro de caldo vegetal

1 cucharada de vinagre de vino tinto

1 cucharada de sirope de agave o miel

copos de sal marina y pimienta negra recién
  molida

1 cucharada de cebollino picado, para servir

Tiempo de preparación 1 hora 15 minutos / **Raciones** 6-8

Caliente el horno a 200 °C / gas potencia 6.

Lave la remolacha, deseche las hojas y córtela en cuartos.
Dispóngala en una bandeja de horno con las chirivías, el tomillo
y los ajos. Salpimiente, luego rocíelo con suficiente aceite para
que se impregne todo. Cubra con papel de aluminio y áselo
50 minutos-1 hora o hasta que la remolacha se note tierna al
pincharla.

Mientras, mezcle el rábano picante con la nata agria. Condimente y
reserve.

Cuando estén cocidas, pase la remolacha y chirivía al vaso de la
batidora. Presione los ajos para pelarlos y añádalos a las hortalizas
con el caldo, el vinagre y el agave o la miel. Tritúrelo todo hasta
obtener una crema homogénea. Salpimiente.

Si lo va a servir caliente, viértalo en una olla y hiérvalo suavemente.
Salpimiente. Sirva con una cucharada de rábano con nata y
espolvoree con el cebollino.

Flexible

*Sirva la crema con blinis calientes
adornados con la nata con rábano y
lonchitas de salmón ahumado o rosbif
poco hecho.*

Crema de zanahoria, coco y cardamomo

Esta maravillosa crema está repleta de aroma y sabor, y resulta ideal para dividirla en raciones y congelarlas. Lo agradecerá cuando desee un almuerzo instantáneo y reconfortante.

---

10 vainas de cardamomo, un poco chafadas

½ cucharadita de semillas de comino

¼ de cucharadita de copos de guindilla secos

2 cucharadas de aceite de oliva

750 g de zanahorias, limpias y ralladas bastamente

1 rama de apio, troceada fina

un trozo de 15 g de jengibre, pelado y rallado

125 g de lentejas rojas partidas

2 latas de 400 ml de leche de coco

700 ml de caldo vegetal caliente

copos de sal marina y pimienta negra recién molida

un manojito de hojas de cilantro, para servir

coco en láminas, un poco tostado, para servir

Tiempo de preparación 40 minutos / **Raciones** 6

Abra las vainas de cardamomo y machaque las semillas en un mortero o simplemente con la hoja de un cuchillo grande.

Caliente una olla grande y luego añada las semillas de cardamomo y las de comino, y los copos de guindilla. Fríalos en seco un minuto más o menos hasta que suelten su aroma.

Añada el aceite a la olla, incorpore las zanahorias, el apio y el jengibre. Remueva y cueza un par de minutos, luego añada las lentejas, la leche de coco y el caldo. Lleve a ebullición y cueza unos 20 minutos, con tapa, hasta que las lentejas estén tiernas.

Triture la crema hasta obtener una mezcla suave y homogénea. Salpimiente. Sírvala en boles y espolvoree unas hojas de cilantro y unas cuantas láminas de coco tostadas por encima.

Flexible

Fría unas gambas y dispóngalas sobre la crema al servir: obtendrá una comida más consistente y su delicado dulzor combina muy bien con los aromas y sabores del plato.

Crema de apio nabo y alubias
con palomitas a la trufa

Tal vez no sea la hortaliza más bella, pero al pelarlo y cocerlo, el apio nabo posee un sabor asombroso. Parecido al apio, pero de gusto más dulce y a fruto seco, armoniza muy bien con la cremosidad de las alubias. Si desea dar de qué hablar, anime la crema con unas palomitas aromatizadas con aceite de trufa y queso. Son fáciles de preparar y saben increíblemente bien.

------

2 cucharadas de aceite de oliva

25 g de mantequilla

1 cebolla, troceada

1 apio nabo, pelado y en dados de aprox. 2,5 cm

2 dientes de ajo, pelados y troceados

1 hoja de laurel

1 litro de caldo vegetal

un bote de 400 g de alubias blancas, escurridas

copos de sal marina y pimienta negra
    recién molida

Para las palomitas

aceite de girasol

40 g de maíz para palomitas

25 g de parmesano rallado fino o equivalente
    vegetariano

1 cucharada de aceite de trufa

copos de sal marina

Tiempo de preparación 40 minutos / **Raciones** 4-6

Ponga el aceite y la mantequilla en una olla mediana-grande a fuego medio. Cuando la mantequilla se haya derretido, añada la cebolla y sofríala unos 5 minutos hasta que empiece a ablandarse pero sin cambiar de color.

Incorpore el apio nabo, el ajo y el laurel. Siga cociéndolo unos cuantos minutos antes de agregar el caldo y las alubias. Suba el fuego, lleve a ebullición y tape. Baje el fuego y hierva suavemente 15-20 minutos hasta que el apio nabo quede completamente tierno.

Retire la hoja de laurel, deje templar ligeramente y triture hasta obtener una crema suave y homogénea. Si le parece demasiado espesa, añada más caldo, o incluso un chorrito de leche. Salpimiente.

Para preparar las palomitas, ponga una olla mediana a fuego fuerte. Cuando esté caliente, añada suficiente aceite para cubrir la superficie del fondo (deben ser suficientes unas 2 cucharadas). Incorpore el maíz, imprégnelo del aceite y luego tape la olla. Espere a que empiece a explotar, entonces mueva la olla unas cuantas veces durante un minuto más o menos o hasta que deje de oír estallidos.

Retire la olla del fuego. Pase a un cuenco, espolvoree el parmesano por encima, añada una pizca de sal y el aceite de trufa. Mézclelo todo.

Sirva la crema en boles y eche encima unas cuantas palomitas, ofreciendo el resto en un recipiente aparte.

Flexible
Incorpore mechas de lacón a la crema y caliéntela. Un puñado por persona debe bastar.

Sopa de miso con fideos de calabacín

Cuando me apetece un caldo ligero
y refrescante, siempre recurro a este.
Está repleto de sabores vivos y es
bastante rápido de preparar. No utilizo
mi espiralizador para muchas cosas,
pero para esta receta lo desempolvo.
Los fideos de calabacín con una
alternativa más ligera a la pasta de
huevo, trigo o arroz para el caldo, pero
si desea un plato más consistente,
puede perfectamente olvidar el
calabacín y cocer pasta de verdad.

---

3 cucharadas de cacahuetes sin sal

1,5 litros de caldo vegetal

6 cucharadas de pasta miso blanca

2 dientes de ajo, pelados y troceados

un trozo de 2,5 cm de jengibre, pelado y rallado

1 pimiento rojo picante, troceado fino

3 calabacines

los tallos verdes de 4 cebollas tiernas, en
    rodajitas

150 g de tofu sedoso, escurrido y en dados

1 ½ cucharadas de vinagre de arroz

Tiempo de preparación 20 minutos / **Raciones** 4

Ponga una sartén pequeña a fuego medio. Añada los cacahuetes y
remueva hasta que se doren un poco. Páselos a una tabla y píquelos
bastamente. Reserve para utilizarlos al servir.

Lleve el caldo a ebullición en una olla grande a fuego fuerte,
luego añada el miso, el ajo, el jengibre y el pimiento. Baje el fuego,
remueva hasta que el miso se haya disuelto y cueza suavemente
5 minutos.

Utilice el espiralizador para hacer fideos largos de calabacín. Si
no, utilice un pelador de verduras para obtener láminas, a modo
de pappardelle. Añada el calabacín a la olla, junto con la cebolla,
el tofu y el vinagre de arroz. Deje que el calabacín se caliente un
minuto más o menos y luego reparta la sopa en boles. Espolvoree los
cacahuetes por encima al servir.

Flexible
Un ingrediente indicado para este caldo es la carne de
pollo o cerdo desmenuzada. También puede incorporar
150-200 g de gambas crudas y peladas para que se
cuezan en el caldo un par de minutos, hasta que se
vuelvan rosadas.

Crema de setas con nata de anacardos

Con esta receta, he modernizado la tradicional crema de champiñones. La clave para obtener lo mejor de las setas consiste en cocerlas a fuego fuerte en lugar de dejar que se cocinen lentamente, porque entonces quedan estofadas y reblandecidas. La cremosidad de este plato procede de la nata de anacardos, que aporta un sabor delicioso a la crema. Cuando la pruebe, creo que le encantará y la añadirá a otras recetas en lugar de nata láctea.

---

125 g de anacardos

50 g de mantequilla

1 cebolla, en láminas

2 dientes de ajo, pelados y troceados

½ manojo de tomillo, y unas hojas adicionales para servir

1 hoja de laurel

750 g de setas variadas, en láminas del mismo tamaño

750 ml de caldo vegetal

1 cucharada de vinagre de Jerez

copos de sal marina y pimienta negra recién molida

aceite de oliva, para servir

Tiempo de preparación 1 hora + noche de remojo / **Raciones** 4-6

Ponga los anacardos en un cuenco y cúbralos con agua. Déjelos en remojo para que se ablanden toda la noche, luego escúrralos, aclárelos bien y páselos al vaso de la batidora con 250 ml de agua fría. Triture bien hasta obtener una crema de consistencia suave y cremosa.

Derrita la mantequilla en una olla grande a fuego medio. Añada las ramitas de tomillo y el laurel, y sofría la cebolla y el ajo durante unos 10 minutos hasta que la cebolla se dore y empiece a caramelizar. Salpimiente.

Añada las setas y cocínelas a fuego medio-fuerte durante unos 10 minutos hasta que los jugos de estas hayan reducido.

Vierta el caldo, lleve a ebullición y cueza sin tapar 10 minutos.

Retire las ramas de tomillo y el laurel. Triture la crema completamente. Agregue dos tercios de la nata de anacardos y el vinagre de Jerez. Dele otro golpe de batidora y rectifique de sal y pimienta.

Sirva en boles y decore con un círculo de nata de anacardos, unas hojitas de tomillo y un hilo de aceite de oliva.

Flexible

Fría unos 50 g de morcilla y sírvala desmenuzada sobre la crema. Los sabores a tierra de la morcilla y las setas, la cremosidad de los anacardos y el toque del vinagre de Jerez se complementan de maravilla.

Ribollita de espelta

*La ribollita es una sopa rústica
italiana que se elabora con legumbres,
verduras y pan seco (¡sí!). Se trata
de un plato económico, saciante
y sabroso. He decidido darle una
vuelta de tuerca y cambiar el pan por
espelta perlada: no solo se obtiene un
plato más saludable con más fibra
y proteína, sino que además aporta
una agradable textura al cocido. Si
está hambriento, esta sopa será un
plato principal consistente que puede
acompañar con un poco de pan.*

———————————————

aceite de oliva

1 cebolla grande, picada

1 zanahoria grande, picada

1 rama de apio, picada

4 dientes de ajo, pelados y troceados

1 hoja de laurel

una pizca de copos de guindilla

½ cucharadita de semillas de hinojo, chafadas

80 g de espelta perlada

3 tomates pera maduros, troceados

600 ml de caldo vegetal

un bote de 400 g de alubias blancas
    en conserva, escurridas

100 g de kale, col verde de hoja lisa o col
    de Saboya, sin tallos duros y en trocitos

copos de sal marina y pimienta negra recién
    molida

aceite de oliva virgen extra, para servir

parmesano o equivalente vegetariano
    (opcional), para servir

Tiempo de preparación 50 minutos / **Raciones** 4 (comida ligera)
o 2 (comida completa)

Caliente una olla grande con un chorro de aceite de oliva a fuego
medio. Sofría la cebolla, la zanahoria, el apio, el ajo y el laurel
durante unos 10 minutos, hasta que se ablanden.

Incorpore los copos de guindilla, las semillas de hinojo, la espelta,
el tomate, el caldo y las alubias. Lleve a un hervor suave, cubra
parcialmente con tapa y cueza 20 minutos, hasta que la espelta esté
tierna.

Incorpore la col kale u otro tipo, y deje que arranque de nuevo a
hervir. Cueza 10 minutos, añadiendo más caldo si es necesario.
Salpimiente.

Agregue un buen chorro de aceite de oliva virgen extra y sirva en
boles, y espolvoree parmesano por encima, si lo desea.

Flexible
*Empiece friendo unos 100 g de beicon, panceta o chorizo ahumado
al principio de la receta. Deje que se dore un poco antes de añadir la
cebolla, la zanahoria y los demás ingredientes.*

Laksa de berenjena y judías verdes

*Sorba esta aromática y especiada
sopa malasia cuando no se sienta del
todo bien, o cuando desee relajarse. La
pasta puede prepararse con antelación
y se conserva en el frigorífico una
semana.*

---

una lata de 400 ml de leche de coco

500 ml de caldo vegetal

1 berenjena grande o miniberenjenas,
    unos 350 g

200 g de judías verdes

75 g de fideos de arroz finos

hojas de menta o cilantro, para decorar

Pasta para laksa

2 pimientos rojos picantes, troceados

2 dientes de ajo, pelados

un trozo de 2 cm de jengibre, pelado y troceado

un tallo de hierba limón, sin la capa exterior
    más dura, troceado

½ cucharadita de cúrcuma

4 hojas de lima, picadas

un manojito de cilantro, troceado

2 cucharadas de mantequilla de cacahuete

2 cucharadas de aceite de girasol

1 cucharadita de copos de sal marina

Tiempo de preparación 45 minutos / **Raciones** 4

Ponga todos los ingredientes de la pasta en el vaso de la batidora y
tritúrelos hasta obtener la pasta para laksa. Añada unas gotas de
agua si los ingredientes no se mezclan bien.

Caliente un wok o un cazo a fuego medio-fuerte. Fría la pasta
durante un minuto más o menos, removiendo constantemente para
que no se queme.

Baje el fuego. Incorpore la leche de coco y el caldo y lleve a un suave
hervor. Corte la berenjena en trocitos, o si utiliza miniberenjenas,
córtelas por la mitad a lo largo. Cuando rompa a hervir la sopa,
agregue las berenjenas, espere a que vuelva a hervir y cueza
8-10 minutos, o hasta que la berenjena esté tierna.

Incorpore las judías verdes a la sopa y cuézalas hasta que estén
listas, unos 5 minutos.

Mientras, cocine los fideos según las instrucciones del envase,
escúrralos y repártalos entre cuatro boles. Vierta la sopa encima y
acabe con un poco de cilantro o menta fresca.

Flexible
*Para una sopa laksa de gambas, añada unos 50-75 g de gambas crudas y peladas
por persona a la sopa después de incorporar las judías, y deje que se cocinen un
par de minutos, hasta que se vuelvan rosadas. Para una sopa luksa de pollo,
puede añadir tiras de pechuga de pollo cruda a la olla al freír la pasta. Si no,
añada pollo cocido desmenuzado (son ideales las sobras de pollo asado) a cada
bol individual.*

Platillos

Pepinillos fritos
con ensalada de remolacha y eneldo

He probado diversos tipos de pepinillos en vinagre y encurtidos para esta receta, pero finalmente he decidido que los más adecuados son los pepinillos dulces enteros en conserva. No utilice los más avinagrados, ya que su sabor puede resultar demasiado fuerte. Si no los encuentra cortados en bastoncitos, simplemente córtelos en cuartos a lo largo antes de rebozarlos.

---

aceite de girasol, para freír

aprox. 16 bastoncitos de pepinillo

100 g de pan rallado

una pizca de pimienta de cayena

5 cucharadas de harina blanca

100 ml de suero de mantequilla

Para la ensalada

250 g de remolacha cocida (no en vinagre)

1 chalota, picada fina

un manojito de eneldo, picado

raspadura fina de 1 limón

2 cucharaditas de zumo de limón

3 cucharadas de nata agria

copos de sal marina

Tiempo de preparación 20 minutos / **Raciones** 4

Para preparar la ensalada, corte la remolacha en dados y mézclela con la chalota, el eneldo, la raspadura de limón y la nata agria, y sálelo un poco. Reserve.

Caliente un cazo con aceite a 180 ºC, lleno más o menos a un tercio de su capacidad. Si no dispone de termómetro, eche un trocito de pan en el aceite. Se dorará en 30 segundos si el aceite está a la temperatura correcta.

Seque los pepinillos con papel de cocina. Mezcle el pan rallado con la cayena y una pizca de sal. Pase los bastoncitos por la harina, luego mójelos en el suero de mantequilla y acabe rebozándolos con el pan rallado.

Fríalos por tandas durante 3-4 minutos hasta que se doren. Escúrralos sobre papel de cocina y sírvalos calientes y crujientes con la ensalada de remolacha y eneldo.

Flexible
Puede freír numerosos ingredientes con la misma mezcla de pan rallado. Funciona para tiras de pechuga de pollo, gambas e incluso láminas de aguacate.

Empanadillas chinas
con salsa dulce y picante

Estas empanadillas chinas se elaboran rellenando pasta fina wonton con una mezcla de verduras o carne de cerdo y luego friéndolas y cociéndolas al vapor en la misma sartén. Se parecen mucho a las gyoza japonesas, y resulta igual de divertido prepararlas. Procure no llenar demasiado la pasta wonton, ya que el relleno podría romperla al cocerse. La pasta wonton puede adquirirse fresca o congelada en supermercados de alimentación asiática o por Internet.

---

1 cucharada de aceite de sésamo

3 cucharadas de aceite de cacahuete

150 g de setas shiitake, picadas finas

2 cebollas tiernas, picadas finas

2 dientes de ajo, pelados y picados

un trozo de 2,5 cm de jengibre, pelado y rallado

100 g de castañas de agua, escurridas
    y picadas

75 g de brotes de bambú, escurridos
    y picados finos

un puñadito de cilantro, picado fino

25-28 unidades de pasta wonton

harina de maíz, para espolvorear

Para la salsa

2 cucharadas de salsa de soja

1 cucharada de vinagre de arroz

1 cucharada de azúcar extrafino

½ cucharadita de copos de guindilla secos

Tiempo de preparación 45 minutos / **Raciones** 4-6

Caliente el aceite de sésamo y una cucharada de aceite de cacahuete en una sartén y saltee las setas 5 minutos hasta que se ablanden. Añada la cebolla, el ajo y el jengibre, y siga cociendo 5 minutos más. Páselo todo a un bol y añada las castañas de agua, los brotes de bambú y el cilantro. Sálelo y deje templar unos 10 minutos.

Para preparar las empanadillas, disponga las piezas de wonton sobre una superficie de trabajo limpia y cúbralas con un trapo de cocina humedecido para que no se sequen. Espolvoree una bandeja con un poco de harina de maíz y ponga un cuenco pequeño con agua al lado.

Coloque 1 cucharadita del relleno en el centro de una pieza de wonton, moje los bordes con un poco de agua, luego doble la pasta por la mitad cubriendo el relleno y formando una media luna. Pellizque y doble los márgenes para sellarlos, luego deje la empanadilla en la bandeja enharinada. Repita con el resto del relleno y la pasta. Deberían salir unas 25-28 empanadillas.

Caliente el resto del aceite de cacahuete en una sartén antiadherente grande a fuego fuerte, luego agregue las empanadillas, formando una sola capa. Baje el fuego a media potencia y fría durante 2 minutos o hasta que la parte inferior se dore.

Cúbralas con 1 cm de agua, llévela a ebullición, luego tape y deje reducir el líquido a fuego medio-bajo. Siga cociéndolas 6-8 minutos, o hasta que el líquido se haya evaporado (si se reduce demasiado rápido, vierta un poco más de agua a media cocción). Retire la tapa y fría las empanadillas un minuto más o hasta que la parte inferior quede crujiente.

Mezcle los ingredientes para la salsa y sírvala con las empanadillas.

Flexible
Sustituya las setas por la misma cantidad de carne picada de cerdo o de pollo, luego cocine las empanadillas como se indica.

Gnudi italianos
con pesto de guisantes y espárragos

*Los gnudi son unas bolitas parecidas
a los ñoquis hechas de requesón y
sémola (en lugar de patata), de modo
que tienen una textura muy ligera.
Podría parecer complicado elaborarlos,
pero enseguida se coge el tranquillo,
y el resultado final vale la pena. Yo
los sirvo con guisantes y espárragos
escaldados, y luego los mezclo con un
delicioso pesto de brotes de guisantes.
Es un plato ligero y veraniego que
constituye un entrante ideal o un plato
para compartir junto con el Calabacín
frito (p. 71).*

---

350 g de requesón

25 g de parmesano rallado fino o equivalente
    vegetariano

1 yema de huevo

una buena cantidad de nuez moscada rallada

200 g de sémola

250 g de puntas de espárragos

125 g de guisantes congelados

copos de sal marina y pimienta negra
    recién molida

Para el pesto

75 g de brotes de guisantes

20 g de hojas de albahaca

1 diente de ajo, pelado y troceado

40 g de piñones

50 g de parmesano rallado o equivalente
    vegetariano

125 ml de aceite de oliva, y un poco más servir

Tiempo de preparación 40 minutos + 4 horas para escurrir + una
noche de reposo / **Raciones** 4

Forre un colador con un trozo de muselina o tela quesera. Póngalo
sobre un bol y vierta encima el requesón. Una las puntas de la tela
y átelas con una cuerda o goma elástica. Deje que el líquido escurra
4 horas. Pase el requesón a un bol limpio e incorpore el parmesano,
la yema de huevo y la nuez moscada, salpimiente y mézclelo bien.

Extienda la sémola sobre una bandeja de horno que quepa en su
frigorífico. Con las manos, forme bolas del tamaño de una nuez con
la mezcla para gnudi y páselas por la sémola. Deberían salirle unas
24 bolas. Presiónelas con el dorso de un tenedor para aplanarlas
un poco. Espolvoree los gnudi con sémola y métalos en el frigorífico,
sin tapar, durante unas 12 horas, para que se sequen. Cuanto más
tiempo los deje ahí, mejor, ya que al cocerlos conservarán su forma.

Para elaborar el pesto, ponga todos los ingredientes excepto el aceite en
el vaso de la batidora y triture para trocearlo bien todo. Con el motor
en marcha, vaya incorporando poco a poco el aceite de oliva hasta
obtener un pesto suave. Salpimiente. Si no lo va a usar enseguida,
cúbralo con una capa de aceite de oliva para que no pierda color.

Lleve una olla llena de agua con sal a ebullición. Añada los espárragos
y los guisantes y cueza 2 minutos. Retírelos con una espumadera y
manténgalos calientes. Deje que el agua vuelva a hervir suavemente
y, al mismo tiempo, caliente una sartén grande a fuego bajo-medio.

Sacuda el exceso de sémola de los gnudi e introduzca la mitad en
el agua ligeramente hirviendo. Cocínelos con cuidado 2 minutos,
hasta que suban a la superficie. Retírelos con una espumadera y
deposítelos en un colador. Repita la operación con el resto de gnudi.

Añada la mitad del pesto a la sartén caliente. Agregue los
espárragos, los guisantes y los gnudi a la sartén. Mézclelos con
cuidado para que se impregnen del pesto.

Flexible
*Ligera y delicada, la carne de cangrejo es un buen complemento para los
gnudi. Aliñe ligeramente 100 g de carne blanca de cangrejo con un hilo de
aceite de oliva, unas gotas de zumo de limón, una pizca de sal y un poco
de pimienta negra. Espárzala sobre el plato acabado al servir.*

Calabacín frito
con queso de cabra y miel a la trufa

Para esta receta me inspiré en uno de mis restaurantes preferidos de Londres llamado Salt Yard, donde sirven tapas al estilo español e italiano. Me encanta la combinación del calabacín crujiente ligeramente rebozado, mojado en salsa cremosa de queso de cabra y generosamente aromatizado con un hilillo de miel con aceite de trufa. Estoy segura de que a usted también le va a encantar. Tómelo con Gnudi italianos con pesto de guisantes y espárragos (p. 68) y disfrute de un maravilloso almuerzo.

----

150 g de harina blanca

3 cucharadas de aceite de oliva

200 ml de agua

150 g de queso de cabra suave

50 g de queso para untar

1 cucharadita de hojas de tomillo fresco,
   troceadas

2 cucharadas de miel líquida

2 cucharaditas de aceite de trufa

4 calabacines medianos

2 claras de huevo

aceite de girasol, para freír

copos de sal marina y pimienta negra
   recién molida

Tiempo de preparación 40 minutos / **Raciones** 4

Ponga la harina en un cuenco y añada 2 cucharadas de aceite de oliva y una pizca de sal. Bata e incorpore el agua hasta que obtenga una pasta con la consistencia de la nata espesa para montar. Cúbralo y deje reposar en el frigorífico mientras prepara lo demás.

Triture el queso de cabra con el queso para untar, el tomillo y una cucharada de aceite de oliva con la batidora eléctrica hasta conseguir una mezcla ligera. Añada una pizca de sal si es necesario y refrigérelo hasta el momento de servir.

Para la miel a la trufa, simplemente mezcle la miel con el aceite de trufa. Pruebe de sabor y añada más aceite si le apetece que sepa más a trufa.

Corte el calabacín en bastoncitos o rodajas de 1 cm de grosor.

Bata las claras hasta que empiecen a tomar consistencia y luego mézclelas con la mezcla reposada.

Caliente una sartén o freidora con aceite a un tercio de su capacidad hasta los 180 ºC. Si no dispone de termómetro, sabrá que está lo bastante caliente cuando al echar un trocito de pan en el aceite, se dore en 30 segundos. Por tandas, moje los trocitos de calabacín en la mezcla para rebozar, de modo que no se empapen en exceso, y luego fríalos en el aceite caliente 2-3 minutos hasta que se doren ligeramente.

Escúrralos sobre papel de cocina antes de repartir en platos. Añada una cucharada de queso batido y acabe rociándolos generosamente con la miel a la trufa y un poco de pimienta negra.

Flexible
Además de calabacín frito, puede preparar sardinas fritas. Moje los filetes de sardina fresca limpios en la pasta y fríalos en el aceite caliente 2-3 minutos para que se doren.

Tostada con alubias, kale y tomate

Habitualmente, trabajo desde casa e intento prepararme almuerzos variados e interesantes en la medida de lo posible. A menudo me propongo ver qué combinaciones se me ocurren con los productos del frigorífico o la despensa para acompañar un pedazo de pan crujiente. No siempre las anoto, pero cuando preparé esta versión de las clásicas alubias con tostada inglesas, me encantó y pensé que era una pena no compartirla.

----

un bote de 400 g de alubias blancas en
    conserva, escurridas

½ cucharadita de pimentón

1 diente de ajo pequeño, pelado y troceado

zumo de ½ limón

3 cucharadas de aceite de oliva virgen extra

2 puñados de hojas de kale

2 o 4 rebanadas (según el tamaño) de chapata,
    pan de barra o pan de masa madre

10 mitades de tomates cherry, semisecos
    o tomates deshidratados

1 cucharada de semillas de calabaza, algo
    tostadas

copos de sal marina y pimienta negra
    recién molida

Tiempo de preparación 15 minutos / **Raciones** 2

Ponga las alubias en un bol y cháfelas un poco con el pimentón, el ajo, la mitad del zumo de limón, 2 cucharadas de aceite de oliva, sal y pimienta.

Desmenuce el kale en trocitos, desechando los tallos gruesos. Póngalo en un bol y añada el resto de zumo de limón, una cucharada de aceite de oliva, sal y pimienta, y frótelo todo junto, presionando ligeramente la col.

Tueste el pan por ambas caras hasta que se dore un poco. Extienda las alubias sobre la tostada y luego el kale y disponga los tomates encima. Acabe espolvoreando las semillas de calabaza y sirva.

Flexible
Se puede deconstruir la receta y convertirla en una comida más sustanciosa con un pescado frito. Prepare las alubias del mismo modo y sírvalas en un plato. Esparza el kale y los tomates sobre las alubias. Luego disponga un filete de pescado frito (creo que el bacalao combina bien, véase la preparación de la p. 177). Espolvoree con semillas de calabaza y aliñe generosamente con aceite de oliva virgen extra. Sirva con o sin la tostada.

Humus con ajo y limón asados

La suavidad del ajo asado y el
sabor agridulce del limón asado
transforman un humus básico en
algo especial. Esta receta puede servir
para preparar el Humus con sandía
y tomate de la página siguiente o
bien disfrutar del mismo como dip
con hortalizas, bastoncitos de pan
o galletas saladas, para untar en
bocadillos, wraps o tostadas, con
patatas al horno, en ensaladas o
incluso con hamburguesas.

---

una cabeza de ajos

aceite de oliva virgen extra

2 limones

2 botes de 400 g de garbanzos en conserva

5 cucharadas de tahina

2 cucharaditas de copos de sal marina

Tiempo de preparación 55 minutos / **Raciones** 6-8

Caliente el horno a 180 °C / gas potencia 4.

Unte la cabeza de ajos con aceite de oliva y envuélvala sin apretar
en papel de aluminio. Dispóngala en una bandeja de horno.

Corte los limones por la mitad a lo ancho y retire las pepitas
visibles. Úntelos con aceite de oliva y dispóngalos con la cara
cortada sobre papel de aluminio con los bordes enrollados hacia
fuera para que no se pierda el jugo. Póngalos en la bandeja con los
ajos. Hornéelos; al cabo de 25 minutos el limón se habrá ablandado
y dorado. Retire el limón y, aún en su papel de aluminio, reserve
para que se temple. Siga asando el ajo 20 minutos más.

Cuando los ajos estén lo bastante fríos para manejarlos, presione
para pelarlos de modo que la pulpa caiga en el vaso e la batidora.
Luego exprima los limones para obtener su jugo y pulpa, y retire las
pepitas.

Escurra los garbanzos en un bol, reservando el líquido. Añádalos
al vaso de la batidora junto con la tahina, 2 cucharadas de aceite
de oliva, la sal y 4 cucharadas del líquido de los garbanzos. Triture
hasta obtener una pasta suave. Si el humus queda demasiado
espeso, añada más líquido de la conserva.

Páselo a un cuenco y rocíelo con más aceite de oliva virgen extra, y
sírvalo enseguida o consérvelo en el frigorífico hasta 5 días.

Bol de sandía, tomate y humus

No me canso nunca de esta ensalada: es ideal para un día de sol cuando solo quiero preparar un almuerzo rápido y volver a salir al exterior. Puede comprar humus ya listo para la receta, pero si dispone de un poco de tiempo, vale la pena elaborarlo en casa. Mi preferido para esta ensalada es el Humus con ajo y limón asados (página anterior), pero encontrará un par de recetas más en la p. 156. Si no, también es posible utilizar requesón o queso de cabra blando, en combinación con la dulce y potente ensalada. (Fotografía en la página siguiente.)

½ cebolla morada pequeña, en láminas finas

vinagre de vino tinto

500 g de tomates de diferentes colores
    y tamaños, bien maduros

500 g de sandía

un puñado de aceitunas negras Kalamata
    sin hueso, partidas por la mitad

½-1 pimiento rojo picante, en trocitos

un puñado de hojas de menta, troceadas

aceite de oliva virgen extra

unos 300 g de humus comprado o casero

1 cucharadita de zumaque

copos de sal marina y pimienta negra
    recién molida

Tiempo de preparación 15 minutos / **Raciones** 4

Ponga la cebolla en un bol poco hondo y cúbrala de vinagre de vino tinto. Deje reposar mientras prepara los demás ingredientes. Este paso suavizará el sabor picante de la cebolla.

Trocee los tomates y la sandía en porciones tamaño bocado, retirando las semillas de la sandía, y dispóngalo todo en un cuenco junto con las aceitunas, el pimiento picante, la menta, un buen chorro de aceite de oliva, sal y pimienta. Retire la cebolla del vinagre y añádala al cuenco. Eche una cucharada del vinagre y remuévalo todo con cuidado. Pruebe de sabor y añada más vinagre si desea un toque más ácido o más aceite si le gusta un aliño más consistente.

Reparta el humus entre cuatro boles poco hondos y úntelo en su interior. Disponga la ensalada en los boles junto con el jugo que quede en el fondo del cuenco de ensalada. Espolvoree con el zumaque y sirva.

Flexible
Puede adquirir filetes de anchoa marinados para añadir a la ensalada, le van muy bien. O puede convertir el plato en una comida más especial cociendo 100 g de filetes de atún a la plancha. Primero, embadurne el atún con un poco de aceite de oliva, luego márquelo (1 ½-2 minutos por cada lado) en una plancha caliente. Desmenúcelo y sírvalo caliente o frío mezclado con la ensalada.

Queso halloumi frito
con fatush

*Si nunca ha probado el queso
halloumi frito, tiene que preparar
esta receta. Algo increíble pasa con
el queso cuando se reboza y se fríe: se
convierte en algo irresistible. Sé que
el queso frito puede no ser la receta
más saludable, pero cuando se sirve
con esta crujiente ensalada, uno puede
acallar la conciencia al menos un
poco.*

---

aceite de girasol, para freír
375 g de queso halloumi
2 cucharadas de harina blanca
1 cucharadita de pimentón
½ cucharadita de zumaque

Para la ensalada fatush
1 pan de pita
aceite de oliva virgen extra
½ lechuga cos
3 tomates maduros
¼ de pepino, cortado por la mitad, limpio
   de semillas
75 g de rábanos, partidos por la mitad
   o en cuartos
3 cebollas tiernas, picadas
un manojito de perejil, troceado
un manojito de menta, picado
zumo de ½ limón
2 cucharadas de semillas de granada
1 cucharada de melaza de granada
4 cucharadas de yogur natural
copos de sal marina y pimienta negra
   recién molida

Tiempo de preparación 45 minutos / **Raciones** 4

Caliente el horno a 200 °C / gas potencia 6. Unte el pan de pita con
aceite de oliva y hornéelo unos 15 minutos para que se dore y quede
crujiente. Deje templar y luego desmenúcelo.

Trocee la lechuga, los tomates y el pepino, y dispóngalos en un
cuenco con el rábano, la cebolla, el perejil y la menta. Mezcle con
el zumo de limón, un buen chorro de aceite de oliva virgen extra, y
salpimiente. Reserve mientras prepara el queso.

Caliente una sartén o freidora con aceite de girasol a un tercio de su
capacidad a 180 °C. Estará lo bastante caliente cuando un trocito de
pan se dore en 30 segundos.

Mientras se calienta el aceite, corte el queso en forma de patatas
para freír. Mezcle la harina con el pimentón y pase el queso por
la mezcla. Fríalo en tandas durante un par de minutos hasta
que se dore. Escúrralo sobre papel de cocina, sírvalo en platos y
espolvoréelo con el zumaque.

Mezcle el pan de pita con la ensalada y acabe esparciendo por
encima las semillas de granada, la melaza y el yogur.

Flexible
*Añada sardinas fritas junto con el queso.
Reboce 8 sardinas limpias y sin cabeza en la
harina especiada y fríalas en el aceite caliente
2-3 minutos hasta que se doren.*

Pakoras de guisantes y zanahoria

Estas albóndigas picantes son ideales como aperitivo antes de cenar o como guarnición para una comida de cocina india. Las verduras pueden variar en función de lo que se tenga en casa: el boniato, la calabaza, el colinabo o el apio nabo funcionan bien en lugar de la zanahoria. Y se puede utilizar maíz en lugar de guisantes. Sírvalas con la Coliflor asada a las especias (p. 83).

---

2 zanahorias medianas, ralladas bastamente

150 g de guisantes congelados, descongelado

4 cebollas tiernas, en láminas finas

1 pimiento picante rojo o verde, sin semillas y picado

un manojito de cilantro, picado

1 cucharadita de semillas de mostaza negra

2 cucharaditas de especias garam masala

50 g de harina de garbanzos

50 g de harina leudante

1 cucharadita de copos de sal marina

aceite de girasol, para freír

Para servir

4 cucharadas de yogur natural

1 cucharadita de salsa de menta

chutney de mango

Tiempo de preparación 25 minutos / **Raciones** 4

En un cuenco, ponga la zanahoria rallada, los guisantes, la cebolla, el pimiento picante, el cilantro, las semillas de mostaza, las especias garam masala, los dos tipos de harina, sal y 2 cucharadas de agua. Mezcle bien hasta que pueda formar bolitas con la masa. Añada más agua, poco a poco, si es necesario.

Caliente alrededor de 2,5 cm de aceite en una sartén. Cuando el aceite empiece a titilar, o cuando al echar un trocito de pan a la sartén chisporrotee, estará listo. Con las manos, forme bolitas con la mezcla, del tamaño aproximado de una nuez.

Fría en el aceite caliente 2-3 minutos, en tandas pequeñas, hasta que las albóndigas se doren, dándoles la vuelta a media cocción. Escúrralas sobre papel de cocina.

Mezcle el yogur con la salsa de menta en un bol. Sirva con la salsa de yogur y/o chutney de mango.

Flexible

Se puede añadir carne de cerdo, pollo, ternera o cordero a la mezcla para crear una versión con carne de las pakoras. Precisará unos 100 g de carne picada y deberá reducir a la mitad la cantidad de zanahoria y guisantes. Mézclelo todo bien y forme bolas compactas. Fríalas como se indica arriba, 3-4 minutos, para que se doren y se cocinen bien.

Coliflor asada a las especias
con salsa de mango

La coliflor es una maravilla: no se deshace al asarla y absorbe toda clase de sabores especiados. Suelo prepararla a menudo, a veces con salsa chili y cilantro, servida con unas gotas de zumo de lima, y otras veces con canela, comino y pimentón junto con salsa de yogur con harissa. Pero casi siempre sigo esta receta: embadurnada con una potente mezcla de especias indias y servida con una refrescante salsa de mango. Sírvala con las Pakoras de guisantes y zanahoria (p. 80).

---

1 coliflor mediana

3 cucharadas de aceite de girasol
   o de cacahuete

1 cucharadita de especias garam masala

1 cucharadita de semillas de comino

½ cucharadita de cúrcuma

½ cucharadita de chile en polvo

copos de sal marina

Para la salsa de mango

2 cucharaditas de aceite de girasol
   o de cacahuete

1 cucharadita de semillas de mostaza

½ cucharadita de semillas de comino negro

1 mango, pelado y en daditos (de unos 5 mm)

1 cucharada de vinagre de vino blanco

1 cucharada de azúcar extrafino

¼ de cucharadita de chile en polvo

Tiempo de preparación 45 minutos / **Raciones** 4

Caliente el horno a 200 °C / gas potencia 6.

Rompa la coliflor en cabezuelas tamaño bocado y dispóngalas en un cuenco grande.

En un bol pequeño, mezcle el aceite, las especias garam masala, las semillas de comino, la cúrcuma y el chile. Viértalo sobre la coliflor y remueva para que se embadurne. Hornéela unos 30 minutos, moviendo la bandeja un par de veces, hasta que la coliflor esté tierna y empiece a dorarse.

Para elaborar la salsa de mango, caliente el aceite en un cazo y añada las semillas de mostaza y comino negro. Cueza un par de minutos hasta que las semillas de mostaza empiecen a saltar. Agregue el resto de ingredientes junto con 75 ml de agua, y cocínelo a fuego suave durante 10 minutos, hasta que el mango esté cocido y empiece a deshacerse. Retire del fuego y deje templar ligeramente.

Sirva la coliflor espolvoreada con sal marina y acompañada de la salsa de mango para mojar.

Ensalada de maíz y zanahoria asados
con aliño dulce de mostaza

Se puede servir esta ensalada dulce, especiada y crujiente como entrante, almuerzo o acompañamiento. También se puede servir con quinoa o cuscús para obtener un plato más completo. A mí me gusta utilizar zanahorias de diferentes colores porque queda vistoso: ahora se encuentran en más tiendas cuando es temporada.

---

4 mazorcas de maíz

500 g de zanahorias, limpias y peladas si es necesario

aceite de oliva

una pizca de copos de guindilla seca

½ cucharadita de cilantro molido

75 g de almendras enteras peladas

4 cebollas tiernas, en láminas finas cortadas en ángulo

un puñado de cilantro fresco, troceado

copos de sal marina y pimienta negra recién molida

Para el aliño

2 cucharadas de aceite de colza

2 cucharaditas de jarabe de arce

2 cucharaditas de mostaza de Dijon

2 cucharaditas de vinagre de sidra

Tiempo de preparación 45 minutos / **Raciones** 4

Caliente el horno a 220 ºC / gas potencia 7.

Ponga el maíz y las zanahorias en una bandeja de horno y rocíelos generosamente con aceite de oliva. Espolvoree con los copos de guindilla y el cilantro molido, salpimiente y áselo en el horno durante 30 minutos, dándoles la vuelta a menudo hasta que las zanahorias y el maíz estén listos y empiecen a dorarse. Cuando falten 10 minutos, añada las almendras a la bandeja, mézclelas con el aceite y deje que se cuezan con las hortalizas para que adquieran un buen color dorado.

Para preparar el aliño, ponga todos los ingredientes en un cuenco pequeño y salpimiente. Mézclelo todo bien.

Cuando estén listas, desgrane las mazorcas con un cuchillo afilado y eche los granos de maíz en un bol grande. Corte algún trozo de zanahoria si le parece que ha quedado demasiado grande. Añada la zanahoria al bol del maíz junto con las almendras, la cebolla y el cilantro fresco. Riegue la ensalada con el aliño. Mézclelo todo con cuidado y sírvalo caliente o a temperatura ambiente.

Flexible
Se puede asar un pollo entero para servirlo con esta ensalada (véase la p. 173). O simplemente ase pechugas individuales, preferiblemente con la piel para que sepan mejor. Úntelas con un poco de aceite de oliva y luego salpimiéntelas. Áselas al horno 25-30 minutos mientras se cuecen las zanahorias. El pollo estará listo cuando, al pincharlo con un palillo, este salga limpio.

Tacos de boniato y alubias con chipotle
con salsa basta de aguacate

Estos tacos harán las delicias de todos. Ponga las tortillas tostadas en el centro de la mesa y que cada comensal rellene la suya con el boniato y las alubias, la salsa de aguacate, el cilantro fresco, un chorrito de lima y una buena cucharada de nata agria. Comerlos con gracia es imposible, pero a nadie le importará porque todos estarán ocupados con el suyo.

---

2 cucharadas de aceite de oliva

1 cebolla morada, troceada

1 boniato mediano-grande, pelado y en dados
   de alrededor de 1 cm

2 dientes de ajo, pelados y troceados

1 cucharadita de comino molido

1 cucharadita de canela en polvo

1 cucharada de pasta chipotle

2 cucharadas de concentrado de tomate

un bote de 400 g de alubias rojas o de careta,
   sin escurrir

copos de sal marina y pimienta negra
   recién molida

8 tortillas de maíz

nata agria, para servir

Para la salsa

1 aguacate grande maduro, pelado y troceado

4 cebollas tiernas, picadas finas

2 tomates maduros, sin semillas y en dados

2 limas, cortadas en cuñas

un puñado de cilantro troceado

2 cucharadas de aceite de oliva virgen extra

copos de sal marina y pimienta negra
   recién molida

Tiempo de preparación 40 minutos / **Raciones** 8

Caliente el aceite de oliva en una sartén grande. Sofría la cebolla hasta que se ablande antes de añadir el boniato, el ajo, el comino y la canela. Cueza un par de minutos, luego incorpore la pasta chipotle, el concentrado de tomate y las alubias, junto con el líquido de la conserva y unos 75 ml de agua (si ya las ha escurrido, añada 175 ml de agua). Salpimiente. Lleve a un suave hervor, tape y cueza a fuego lento unos 15-20 minutos, hasta que el boniato se haga y la salsa espese. Agregue unas gotas de agua si es necesario.

Mezcle ligeramente el aguacate, la cebolla, el tomate, el zumo de media lima, el cilantro troceado y el aceite de oliva virgen extra. Salpimiente y páselo a una fuente para servir.

Dore las tortillas, de una en una, en una sartén caliente durante 30 segundos-1 minuto por cada lado, o bien sobre la llama de gas hasta que se churrusquen por ambos lados.

Disponga una cucharada de boniato y alubias con chipotle sobre cada tortilla, añada salsa de aguacate y una cucharada de nata agria. Rocíe con un poco más de zumo de lima y doble el taco para comer.

Flexible
Sustituya las alubias por unos 250 g de pechuga de pollo, carne de cerdo, ternera o cordero, en dados, y cocínela en la sartén con el boniato.

Melocotón a la plancha
con burrata y pesto a la menta

Con esta receta, sale el doble de pesto necesario para servirla, pero merece la pena hacer de más. Utilícelo para servirlo otro día con tubérculos al horno, como alternativa a la salsa de menta para acompañar un cordero asado, mezclada con un risotto o con pasta acompañada de guisantes y espárragos.

Si consigue burrata, la receta es excepcional, ya que se trata de un queso cuyo exterior es parecido a la mozzarella y cuyo interior es cremoso. Sin embargo, la mozzarella de búfala es una buena alternativa, y más fácil de encontrar en el supermercado.

---

2 o 3 melocotones maduros

aceite de oliva

2 bolas de burrata de 200 g (o mozzarella
    de búfala)

Para el pesto

40 g de hojas de menta

40 g de parmesano rallado o equivalente
    vegetariano

40 g de piñones

1 diente de ajo, troceado

raspadura de 1 limón

100 ml de aceite de oliva virgen extra

copos de sal marina y pimienta negra
    recién molida

Tiempo de preparación 20 minutos / **Raciones** 4

Primero, prepare el pesto. Simplemente, ponga todos los ingredientes excepto el aceite de oliva en el vaso de la batidora, salpimiente y triture hasta que quede bien picadito. Poco a poco, incorpore el aceite de oliva para que se mezcle hasta que quede homogéneo. Añada más aceite o unas gotas de agua para diluir el pesto si es necesario. Si no va a utilizar el pesto enseguida, cubra la superficie con una capa de aceite para evitar que oscurezca.

Caliente una plancha a fuego fuerte. Corte los melocotones en cuartos y retire el hueso. Embadúrnelos con un poco de aceite de oliva y salpimiéntelos. Disponga los cuartos en la plancha, con el corte hacia abajo, y cocínelos un minuto más o menos hasta que se marquen líneas negras. Deles la vuelta y cocínelos por el otro lado hasta que se churrusquen.

Sírvalos. Rompa la burrata y dispóngala junto al melocotón. Rocíe con el pesto. Acabe con un hilo de aceite de oliva y pimienta molida por encima.

Flexible
Sirva el plato con jamón cocido o serrano. La combinación es exquisita.

Tofu al wasabi rebozado con semillas

y ensalada de guisantes, edamame y rábano

El tofu es como una fantástica tela en blanco para añadir sabor, y el tofu firme no pierde su textura al freírlo. Aquí lo he rebozado con pasta picante de wasabi y semillas de sésamo antes de cocinarlo para que quede crujiente y a la vez blando por dentro. Esta ensalada delicada, de inspiración japonesa, es simplemente deliciosa y combina a la perfección con el tofu.

---

450 g de tofu sedoso firme

2 cucharaditas de pasta de wasabi

3 cucharadas de semillas de sésamo

½ cucharadita de sal

1 cucharada de harina de maíz

aceite vegetal, para freír

Para la ensalada

100 g de guisantes congelados, descongelados

100 g de habas edamame peladas congeladas, descongeladas

150 g de rábanos, en rodajas o cuartos

10 g de jengibre encurtido en rodajas, cortado en tiritas

1 cucharada de aceite de sésamo tostado

1 cucharada de aceite de cacahuete

zumo de 1 lima

2 cucharaditas de salsa de soja

1 cucharadita de miel

Tiempo de preparación 20 minutos / **Raciones** 4

Ponga los guisantes, los edamame, los rábanos y el jengibre en un cuenco. En otro cuenco, mezcle bien el aceite de sésamo, el aceite de cacahuete, el zumo de lima, la salsa de soja y la miel, luego viértalo sobre la ensalada. Remueva para combinarlo todo.

Escurra el tofu y córtelo en ocho lonchas de alrededor de 1 cm de grosor. Séquelo con papel de cocina y unte cada loncha con un poco de pasta wasabi por un lado.

Mezcle las semillas de sésamo con la sal y la harina de maíz en un plato. Presione las lonchas de tofu con wasabi sobre las semillas hasta recubrirlas.

Caliente un poco de aceite en una sartén a fuego medio-bajo. Cocine el tofu 2-3 minutos por cada lado hasta que se dore.

Sírvalo enseguida con la ensalada.

Flexible
Se puede preparar carne de ternera con este mismo método. Simplemente reboce la misma cantidad de filete o bistec con wasabi y semillas de sésamo, y cocínelo siguiendo los mismos pasos. Deje reposar un minuto antes de cortarlo para servirlo con la ensalada.

Ensalada de higos y queso de cabra
con nueces caramelizadas y naranja

En ocasiones, lo mejor es lo más simple, y esta es la norma que he seguido aquí. Con un delicioso contraste de sabores y texturas gracias a los jugosos y exquisitos higos, las intensas naranjas, el cremoso queso de cabra y las dulces nueces. Todo, combinado con un aliño vivo y picante.

---

100 g de nueces en mitades

3 cucharadas de azúcar extrafino

1 cucharada de mantequilla

1 naranja grande

6-10 higos maduros, según el tamaño, en cuartos

200 g de queso de cabra

Para el aliño

2 cucharadas de aceite de nuez

2 cucharadas de aceite de oliva

raspadura de ½ naranja

2 cucharadas de vinagre de vino blanco

1 cucharada de miel líquida

1 cucharadita de mostaza de Dijon

copos de sal marina y pimienta negra recién molida

Tiempo de preparación 25 minutos / **Raciones** 4

En primer lugar, prepare el aliño. Disponga los ingredientes en un tarro pequeño, limpio, con sal y pimienta, y agítelo hasta que todo se combine bien. También puede batirlo todo en un cuenco pequeño.

Caliente una sartén a fuego medio. Añada las nueces, el azúcar y la mantequilla. Mezcle hasta que la mantequilla y el azúcar se derritan y empiecen a caramelizar, recubriendo las nueces. Retire del fuego y viértalo sobre papel vegetal para que se temple.

Corte la parte superior e inferior de la naranja y colóquela sobre una tabla. Siguiendo la curva de su forma, pélela con un cuchillo afilado. Separe los gajos y pélelos, inclinando el cuchillo hacia el centro de la naranja.

Disponga los higos y la naranja en una ensaladera grande o cuatro platos individuales. Desmenuce el queso por encima y esparza las nueces sobre el queso. Rocíe con el aliño y sirva.

Flexible

Se puede acompañar de pechuga de pato ahumada o de un par de pechugas de pato fritas. Simplemente, añada un chorrito de aceite a una sartén caliente, salpimiente las pechugas de pato y póngalas al fuego con la piel hacia abajo. Fríalas a fuego medio 8-10 minutos, dejando que la piel suelte la grasa mientras se dora. Deles la vuelta y acabe de cocerlas en el horno precalentado a 220 °C / gas potencia 7, durante 7-8 minutos. Déjelas reposar unos minutos antes de cortarlas y servirlas con la ensalada.

Garbanzos, tomate y labneh
con tortillas de trigo

Superrápida, llena de sabor y saludable, ¡una receta redonda! Si le apetece elaborar labneh casero (queso de yogur), pruebe la receta de la p. 153, es muy fácil. Si no dispone de tiempo (requiere cierta preparación la vigilia), lo encontrará en muchos supermercados o tiendas de alimentación con productos de Oriente Medio. El yogur griego o algunos tipos de humus también son buenas alternativas.

---

2 cucharadas de aceite de oliva virgen extra, y un poco más rociar

1 diente de ajo, pelado y troceado

½ cucharadita de semillas de comino

una pizca de copos de guindilla secos

un bote de 400 g de garbanzos, escurridos

2 tomates muy maduros, troceados

2 tortillas de trigo

un puñado de aceitunas negras sin hueso

un puñado de rábanos, en cuartos

¼ de pepino, en trocitos

un puñado de menta, troceada

una buena cucharada de labneh (p. 153), yogur griego o humus

un hilo de melaza de granada

copos de sal marina y pimienta negra recién molida

Tiempo de preparación 15 minutos / **Raciones** 2

Caliente a fuego suave el aceite de oliva en una sartén y añada el ajo, el comino, la guindilla y los garbanzos. Remueva hasta que los garbanzos se hayan calentado y empiecen a dorarse. Incorpore el tomate y siga removiendo hasta que se ablande. Salpimiente.

Caliente las tortillas de trigo de una en una poniéndolas sobre la llama de gas hasta que se churrusquen por ambos lados, o en una sartén caliente, en seco, 1 minuto por cada lado.

Reparta los garbanzos entre dos platos y agregue las aceitunas, el rábano, el pepino y la menta. Adorne con una cucharada de labneh o yogur griego y aliñe con la melaza de granada y el aceite de oliva virgen extra. Sirva con el pan tostado.

Flexible

El cordero combina perfectamente con los acentos orientales de este plato. El filete de cuello de cordero es muy sabroso y resulta ideal para platos rápidos. Corte en lonchas o dados 300 g de carne, luego fríala brevemente en la sartén caliente unos minutos antes de añadir las especias y los garbanzos. Es aconsejable servirlo poco hecho, vigile que no se le pase.

Grandes platos

Sopa ramen con setas ahumadas al té

Ahumar los ingredientes en casa es fácil y divertido. No es necesario disponer de accesorios sofisticados, tan solo un wok forrado con papel de aluminio junto con la rejilla redonda que encaja en su interior. Si no, también se puede hacer con una bandeja mediana de horno.

Estas setas ahumadas pueden utilizarse para numerosas recetas de risotto, ensaladas o pasta: platos reconfortantes en su máxima expresión. Puede parecer que se trata de una receta larga, pero en realidad es fácil y requiere poco esfuerzo.

_____

Para la mezcla del ahumado

2 estrellas de anís

1 cucharadita de granos de pimienta negra

1 cucharadita de semillas de cilantro

125 g de arroz crudo

50 g de hojas de té Earl Grey

75 g de azúcar moreno

Para las setas

4 setas portobello grandes

4 cucharadas de aceite de oliva virgen extra

2 dientes de ajo, pelados y troceados

1 cucharadita de salsa de soja

Para la sopa ramen

350 g de fideos ramen, udon o de huevo, secos

2 cucharaditas de salsa picante sriracha

1,5 litros de caldo vegetal caliente

100 g de brotes de soja

1 cebolla morada, en láminas finas

4 cebollas tiernas, en láminas finas

2 pimientos rojos picantes, en rodajas finas

un manojo de cilantro

1 lima, en cuñas

copos de sal marina

Tiempo de preparación 35 minutos / **Raciones** 4

Para preparar la mezcla que aromatizará el ahumado, chafe ligeramente el anís estrellado, la pimienta y las semillas de cilantro en el mortero. Mezcle con el arroz, las hojas de té y el azúcar. Forre un wok con una capa de papel de aluminio y disponga la mezcla en el centro. Ponga la rejilla solo para comprobar que no toca la mezcla al colocarla en el wok, y retírela por ahora.

Deseche los tallos de las setas y córtelas en 3-4 láminas gruesas. Mezcle el aceite de oliva, el ajo y la salsa de soja, y unte o pinte las setas con la mezcla. Coloque las láminas sobre la rejilla.

Ponga el wok a fuego medio y, cuando empiece a humear, coloque la rejilla dentro. Tape el wok y, para más seguridad y evitar que se escape mucho humo, cubra también con una capa de papel de aluminio. Baje el fuego y cueza/ahúme durante 20 minutos.

Mientras se ahúman las setas, cocine los fideos según las instrucciones del envase, escúrralos y repártalos entre cuatro boles hondos. Mezcle la salsa sriracha con el caldo caliente. Pruebe y rectifique de sal. Viértalo sobre los fideos mientras remueve.

Disponga las setas ahumadas sobre los fideos y añada los brotes de soja, la cebolla morada, la cebolla tierna y el pimiento picante, y decore con ramitas de cilantro y cuñas de lima.

Flexible
Ahúme otros ingredientes con este método, como gambas peladas, filetes de pechuga de pollo, supremas de pescado o tofu en láminas. Todos tardarán unos 20 minutos en estar listos.

Macarrones con queso

y puerro crujiente

A lo largo de los años he preparado diversidad de versiones de macarrones con queso, todas ellas con la idea de crear platos reconfortantes. Pero con este, de alma sureña, he dado con mi favorito. Utilizo una mezcla de quesos para optimizar textura y sabor: Monterey Jack, por su textura suave y cremosa; cheddar ahumado, por su sabor a fruto seco; y cheddar extramaduro, para dar un toque potente. Cuando la salsa se mezcla con la pasta, se espolvorea con una sabrosa mezcla de hierbas. Por descontado, uno puede dejarlo aquí e hincarle el diente sin más dilación, pero a mí me gusta añadir un montoncito de puerros crujientes que verdaderamente son la guinda del pastel.

---

350 g de macarrones o pasta corta seca

70 g de mantequilla

2 dientes de ajo, pelados y troceados

50 g de harina blanca

600 ml de leche entera

100 g de queso Monterey Jack, rallado

100 g de queso cheddar ahumado, rallado

100 g de cheddar extramaduro, rallado

50 g de migas de pan panko

1 cucharadita de orégano fresco picado
   o ½ cucharadita de seco

copos de sal marina y pimienta negra
   recién molida

Para el puerro

1 puerro mediano

2 cucharadas de harina blanca

1 cucharadita de pimentón

aceite de girasol, para freír

Tiempo de preparación 45 minutos / **Raciones** 4

Caliente el horno a 200 °C / gas potencia 6.

Cueza la pasta en agua hirviendo con sal unos 2 minutos menos de lo que se indique en el envase, de modo que quede algo cruda.

Mientras, derrita 50 g de mantequilla en una sartén mediana-grande. Añada el ajo, sofríalo 30 segundos, luego incorpore la harina. Cueza un minuto más, luego poco a poco incorpore la leche hasta obtener una salsa cremosa. Cueza 5 minutos, removiendo constantemente hasta que espese.

Retire la sartén del fuego e incorpore los quesos y la pasta escurrida. Salpimiente y páselo todo a una fuente grande para el horno, o repártalo en platos individuales.

Derrita los 20 g de mantequilla restantes, luego mézclelo con el pan rallado y el orégano. Espolvoréelo sobre los macarrones y hornéelo todo unos 20 minutos hasta que quede crujiente y dorado.

Mientras la pasta está en el horno, corte el puerro por la mitad a lo ancho y luego en tiras finas como cerillas. Lávelo para eliminar posibles restos de tierra, sacuda el exceso de agua y séquelo con papel de cocina. Póngalo en un bol y mézclelo con la harina y el pimentón.

Caliente unos 5 cm de aceite en un wok o sartén mediana hasta que empiece a titilar. Por tandas, fría el puerro 30 segundos hasta que se dore. Escúrralo sobre papel de cocina y sálelo.

Cuando la pasta esté lista, sírvala con el puerro por encima o al lado.

Flexible

Para añadir carne a alguna ración, hornee la pasta en platos individuales. Forre el borde de algunos con jamón serrano, dejando que cuelgue por el borde. Llene los platos con los macarrones y espolvoree con la mezcla de especias antes de meterlos en el horno.

Tarta cremosa de setas, puerros y castañas

Setas, puerros, castañas y tomillo se unen con una cremosa salsa elaborada con vino de Madeira, caldo de hongo calabaza y mi comodín... tofu. El tofu no solo tiene menos grasas que la típica nata, sino que aporta una buena dosis de proteína.

---

20 g de hongos calabaza secos

300 g de tofu sedoso

40 g de mantequilla

2 cucharadas de aceite de oliva

250 g de champiñones marrones, partidos
    por la mitad

250 g de setas portobello, en láminas gruesas

2 puerros grandes, en rodajas

4 dientes de ajo, pelados y troceados

200 g de castañas listas para comer, troceadas

unas 2 cucharaditas de hojas de tomillo fresco

2 cucharadas de harina de maíz

80 ml de vino de Madeira

2 cucharaditas de vinagre de Jerez

375 g de masa de hojaldre

harina, para espolvorear

1 yema de huevo mezclada con 1 cucharada
    de leche

una pizca de semillas de amapola (opcional)

copos de sal marina y pimienta negra
    recién molida

Tiempo de preparación 1 hora 15 minutos + 30 minutos de remojo / **Raciones** 4

Caliente el horno a 200 °C / gas potencia 6.

Remoje los hongos calabaza en 400 ml de agua hirviendo y deje reposar 30 minutos. Escurra y reserve el líquido.

Ponga el tofu y el líquido de los hongos en el vaso de la batidora y triture hasta obtener una crema suave. Reserve.

Derrita la mitad de la mantequilla con una cucharada de aceite de oliva en una sartén grande a fuego fuerte y fría los champiñones marrones y las setas portobello hasta que se doren y se ablanden. Retire de la sartén. Baje el fuego a medio-bajo, añada el resto de la mantequilla y sofría los puerros unos minutos hasta que se ablanden y empiecen a tomar color.

Agregue los hongos calabaza, las setas fritas, el ajo, las castañas y el tomillo. Cueza alrededor de 1 minuto. Mezcle la harina de maíz con el vino para obtener una pasta diluida, luego añádala a la sartén junto con la crema de tofu. Lleve a un suave hervor y cueza 3-4 minutos para que la salsa espese. Incorpore el vinagre y salpimiente. Páselo a un molde para tarta o moldes individuales y deje templar ligeramente.

Amase la lámina de hojaldre sobre una superficie enharinada hasta que sea lo suficientemente grande para cubrir el molde/los moldes. Pinte con el huevo el borde de los moldes y disponga la masa encima, presionando para que se selle. Pinte la parte superior con la yema y espolvoree con semillas de amapola (si las usa). Practique un agujero en el centro para dejar que el vapor salga al cocinar la tarta y colóquelo sobre una bandeja de horno.

Hornee 30 minutos o hasta que la masa se hinche y se dore. Deje reposar 5-10 minutos antes de servir.

Flexible
Esta receta es buena tal cual, pero si tiene sobras de pollo o pavo asado, o dados de jamón que desee terminar, reduzca la cantidad de setas según la de estos ingredientes y al final incorpore la carne cocida a la salsa.

Ensalada poke con tofu especiado

Los boles «poke» empezaron a emerger en la década de 1970 en Hawái, donde los pescadores utilizaban arroz cocido y pescado crudo para crear una especie de deconstrucción de sushi. Se han vuelto muy populares debido a su versatilidad, ya que el plato puede ir de saludable a caprichoso. Las versiones actuales incluyen diferentes bases, como arroz integral o fideos de calabacín, y se pueden combinar con todo tipo de proteínas, como dados de salmón o atún de calidad sushi, pollo cocido, cangrejo, tofu y numerosos ingredientes de ensalada.

---

150 g de arroz jazmín tailandés

2 cucharadas de vinagre de arroz

1 cucharadita de aceite de sésamo

1 cucharada de vino mirin

2 cucharadas de salsa de soja

una pizca de copos de guindilla secos

zumo de 1 lima

1 cucharadita de semillas de sésamo blancas
   o negras tostadas, y un poco más servir

200 g de tofu sedoso firme, en daditos

¼ de pepino, en láminas finas

1 aguacate, sin hueso y en láminas finas

2 cebollas tiernas, en láminas finas

1 lámina de alga nori, en tiras finas

copos de sal marina

Tiempo de preparación 45 minutos / **Raciones** 2

Ponga el arroz en un cazo con una pizca de sal y 200 ml de agua. Lleve a ebullición, tape y cueza a fuego lento 10 minutos sin destapar. Retire el cazo del fuego, y deje la tapa 5 minutos más. Viértalo en una bandeja o fuente, rocíe con el vinagre de arroz y deje templar.

Mezcle el aceite de sésamo, el mirin, la salsa de soja, los copos de guindilla, el zumo de lima y las semillas de sésamo en un cuenco grande. Añada el tofu y el pepino e incorpore el aliño. Deje marinar unos 30 minutos.

Con cuidado, agregue el aguacate en el cuenco del tofu. Reparta el arroz entre dos boles y vierta encima la mezcla del tofu. Espolvoree con la cebolla tierna, más semillas de sésamo, alga nori y el resto de aliño que quede en el cuenco.

Flexible
En lugar de tofu, utilice la misma cantidad de atún o salmón crudo. La clave consiste en usar pescado de primera calidad y cortarlo en dados tamaño bocado. Marínelo como si fuera el tofu y sírvalo como se indica.

Pan de maíz con jarabe de arce

Emparejado con un plato picante (página siguiente), el dulzor mantecoso de este pan calma la sensación del picante. ¡El único problema es que no podrá parar de comer! (Fotografía en páginas siguientes.)

---

200 g de harina de maíz o polenta fina

150 g de harina blanca

2 cucharaditas de bicarbonato

1 ½ cucharadita de sal de cebolla

1 huevo

300 ml de suero de mantequilla

175 ml de leche

75 g de mantequilla, y una nuez más

75 ml de jarabe de arce

Tiempo de preparación 25 minutos / **Raciones** 8

Caliente el horno a 200 ºC / gas potencia 6.

Ponga la harina de maíz o la polenta en un cuenco grande con la harina, el bicarbonato y la sal de cebolla.

Rompa el huevo en un bol y mézclelo con el suero de mantequilla y la leche. Viértalo en los ingredientes secos y remueva lo justo para combinarlo todo, cerciorándose de no mezclarlo demasiado para que el pan de maíz no quede duro.

Ponga una sartén antiadherente de 23-25 cm apta para el horno a fuego fuerte y añada la nuez de mantequilla. Mueva la sartén para que se unte toda la parte interior. Vierta la masa de pan en la sartén y allane la superficie. Páselo al horno y cueza 15 minutos, hasta que se dore y quede apenas firme.

Mientras el pan se cuece, derrita la mantequilla con el jarabe de arce para obtener un líquido dulce y dorado.

En cuanto el pan esté listo, vierta inmediatamente la mantequilla de jarabe de arce por encima, cubriendo toda la superficie. Devuélvalo al horno 1 minuto más para que la mantequilla de arce burbujee por los bordes.

Retire del fuego y sírvalo caliente, cortado en porciones o directamente servido del molde con cuchara.

Flexible
Fría 150 g de panceta en dados o beicon ahumado hasta que se dore, luego añada la mantequilla y el jarabe de arce como se indica arriba. Viértalo sobre el pan de maíz y devuélvalo al horno 1 minuto como en la receta.

Chile con alubias negras y guacamole a medias

Espeso, consistente, rico, especiado y ahumado, ¡cómo no va a gustar! Con esta receta sale una buena cantidad, ideal para compartir con un grupo de amigos. Sitúe la fuente en el centro de la mesa y disponga los componentes del guacamole alrededor. El Pan de maíz con jarabe de arce (página anterior) es un acompañamiento fenomenal. (Fotografía en la página siguiente.)

---

3 cucharadas de aceite de oliva

2 cebollas grandes, picadas

6 dientes de ajo, troceados

2 cucharaditas de semillas de comino, algo chafadas

2 estrellas de anís

1 ramita de canela, partida por la mitad

250 ml de vino tinto

4 botes de 400 g de alubias negras, escurridas

2 latas de 400 g de tomate troceado

2 cucharadas de concentrado de tomate

3 pimientos rojos asados enteros, en conserva, picados

2 ½ cucharadas de pasta chipotle

2 cucharadas de cacao en polvo

una pizca de copos de guindilla secos (opcional)

copos de sal marina y pimienta negra recién molida

Guacamole a medias

250 ml de nata agria

2 cucharaditas de pimentón

un manojo de cilantro, troceado

1 cebolla morada, en láminas finas

1 pimiento verde picante, en rodajas finas

3 aguacates maduros, pelados, sin hueso y en láminas

2 limas, en cuñas

Tiempo de preparación 1 hora / **Raciones** 6-8

Caliente el aceite en una cacerola grande. Añada la cebolla, el ajo, las semillas de comino, el anís y la canela, y sofríalo suavemente unos 10 minutos hasta que la cebolla se ablande y empiece a dorarse.

Suba el fuego y agregue el vino. Hierva 1 minuto para que reduzca, luego añada las alubias, el tomate, el concentrado de tomate, los pimientos rojos, la pasta chipotle y el cacao en polvo, y salpimiente. Si desea un chile muy picante, añada unos copos de guindilla. También puede añadirlos hacia el final de la cocción, después de probar la salsa.

Lleve a un hervor suave, tape la cacerola y cueza a fuego lento 35-45 minutos, removiendo de vez en cuando, hasta que espese.

Mientras se cocina el chile, mezcle la nata agria con el pimentón. Póngala en un bol junto con otros boles con el resto de componentes del guacamole y dispóngalos en el centro de la mesa. Al presentar el chile, cada comensal puede servirse y acompañarlo de un pedazo de pan de maíz para mojar en la salsa.

Flexible
Puede fácilmente sustituir las alubias negras por 1 kg de carne picada de ternera o de cerdo (o una mezcla de ambas). Añádala a la cacerola después de sofreír la cebolla, el ajo y las especias. Fríala a fuego fuerte hasta que se dore. Añada el vino y siga como se indica. También puede añadir un bote de alubias negras después del vino si le apetece la mezcla.

Estofado de cebada perlada y boniato
con salsa de rábano y cebolla tierna

Este ligero guiso veraniego se presenta con una salsa crujiente y sabrosa por encima repleta de sabores frescos. A mí me gusta servirlo con cucharadas de labneh (p. 153) para añadir proteínas. Es realmente fácil de preparar en casa o puede encontrarlo en supermercados grandes o tiendas de alimentación de Oriente Medio. Como alternativa, puede desmenuzar queso feta por encima.

_____

2 cucharadas de aceite de oliva

1 cebolla, troceada

2 dientes de ajo, pelados y troceados

2 cucharaditas de semillas de comino

1 cucharadita de pimentón picante ahumado

275 g de cebada perlada

750 ml de caldo vegetal caliente

unos 650 g de boniato (2 de tamaño
   mediano-grande), pelado

1 cucharada de concentrado de tomate

200 g de labneh o queso feta

copos de sal marina y pimienta negra
   recién molida

Para la salsa

75 g de rábanos, en rodajitas

5 cebollas tiernas, troceadas

3 tomates, sin semillas y troceados

zumo de 1 lima

un puñadito de cilantro, troceado

2 cucharadas de aceite de oliva virgen extra

Tiempo de preparación 45 minutos / **Raciones** 4

Caliente el aceite de oliva en una sartén honda y sofría lentamente la cebolla, el ajo, las semillas de comino y el pimentón durante 8-10 minutos hasta que se note pegajoso y se dore. Añada la cebada perlada y remuévala unos 30 segundos antes de agregar el caldo. Tape la sartén y cueza suavemente 10 minutos.

Corte el boniato en trozos de 2-3 cm y añádalo a la sartén con el concentrado de tomate. Tape y cueza unos 15 minutos hasta que esté tierno. Salpimiente. Si el guiso le parece demasiado seco, añada más caldo.

Mientras el estofado se prepara, mezcle los ingredientes para la salsa y salpimiente.

Sirva el estofado con la salsa encima, y acabe el plato con labneh o queso feta desmenuzado.

Flexible
Añada unos 100 g de chorizo en dados a la sartén con la cebolla para obtener un sabor más ahumado y teñir el plato de un intenso color rojo.

Trigo bulgur pilaf
con nectarinas asadas y tzatziki

*Cuando es temporada, nectarinas
y melocotones están deliciosos para
culminar este pilaf. A menudo preparo
el trigo bulgur en otras épocas del año,
solo para no olvidar los adorables
días de verano, y entonces cambio
las nectarinas por otras frutas de
temporada como higos o ciruelas.*

*También hay una sabrosa receta de
tzatziki, que aconsejo preparar con
antelación para dar tiempo a que los
sabores se mezclen.*

---

2 cucharadas de aceite de oliva, y un poco
    más aliñar

2 cebollas grandes, en láminas finas

4 dientes de ajo, pelados y troceados

1 hoja de laurel

½ cucharadita de canela molida

200 g de trigo bulgur

400 ml de caldo vegetal

4 nectarinas (no demasiado maduras)

½ cucharadita de cayena

un manojito de perejil, troceado bastamente

100 g de queso feta (opcional)

75 g de pistachos

copos de sal marina

Para el tzatziki

¼ de pepino, pelado, partido por la mitad
    y sin semillas

1 cucharadita de copos de sal marina

1 diente de ajo pequeño, picado

1 cucharadita de vinagre de vino tinto

1 cucharada de menta picada

100 g de yogur griego

Tiempo de preparación 50 minutos / **Raciones** 4

Para preparar el tzatziki, pique o ralle el pepino, dispóngalo en un
colador y sálelo. Deje escurrir unos 10 minutos antes de presionar
para eliminar el exceso de agua. Mezcle con el ajo, el vinagre, la
menta y el yogur. Aliñe al gusto y consérvelo refrigerado hasta su
uso.

Caliente el horno a 200 ºC / gas potencia 6.

Caliente una cucharada de aceite de oliva en un cazo grande y
rehogue suavemente la cebolla durante unos 10 minutos hasta que
se dore. Añada el ajo, laurel y canela. Siga cociéndolo 5 minutos más.

Incorpore el trigo bulgur y el caldo, y lleve a un suave hervor.
Tape y cueza a fuego lento 10 minutos. Retire del fuego, reserve y
manténgalo tapado para que se absorba el caldo 10 minutos más.

Mientras prepara el trigo bulgur, caliente una plancha a fuego
fuerte. Corte las nectarinas y retire el hueso. Rocíe cada trozo con
aceite de oliva y aderece con sal y cayena. Disponga los trozos en la
plancha, con el lado del corte hacia abajo durante 1 minuto, hasta
que se marquen las líneas de la plancha. Con cuidado retire la
nectarina de la plancha con una espátula y ponga la fruta en una
bandeja de horno. Hornéela 15 minutos hasta que quede tierna.

Airee el trigo bulgur con un tenedor y añada el perejil. Mézclelo y
disponga encima las nectarinas. Esparza el queso feta si lo usa y los
pistachos por encima y acabe con una buena cucharada de tzatziki.

Flexible

*Se puede añadir carne o pescado a la receta, al gusto. Corte 400 g de rape en
medallones y cocínelo a la plancha 5-6 minutos, dándole la vuelta a media
cocción. Sírvalo con las nectarinas asadas. Para una cena más económica entre
semana, corte 4 filetes de cordero deshuesados en tiras gruesas, úntelos con aceite,
condimente con sal, cayena y ½ cucharadita de canela molida y ½ de cilantro en
polvo. Cocínelos a la plancha 5-6 minutos, dándoles la vuelta a media cocción.
Deje reposar un par de minutos antes de servir con o sin las nectarinas.*

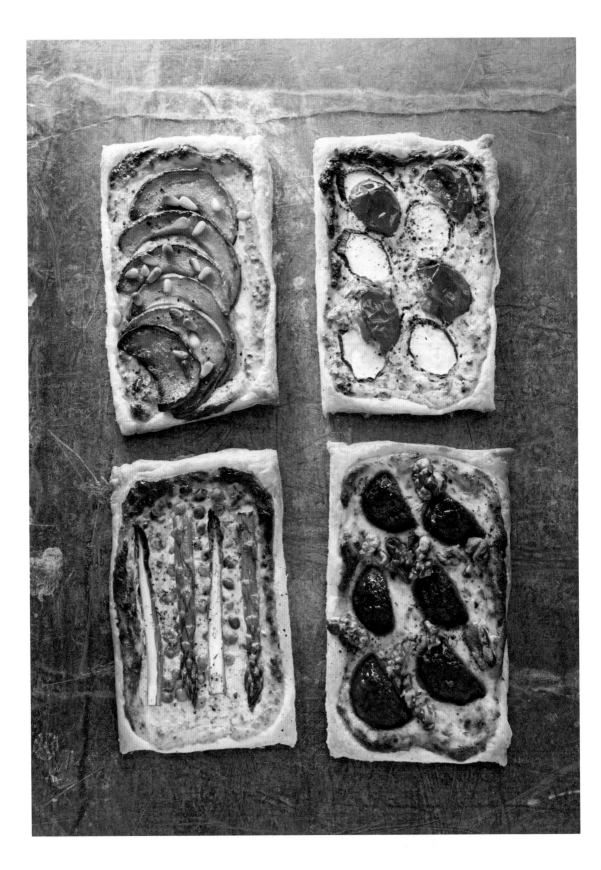

Cocas de hortalizas de temporada

*Esta es una receta práctica para
cualquier época del año. Se empieza
con la misma base de requesón
extendida sobre la masa de
hojaldre, luego se combinan el resto
de ingredientes en función de la
temporada o de lo que le apetezca.*

*Se puede preparar una coca
más grande, pero yo prefiero las
individuales porque ofrecen la opción
de adaptarlas añadiendo carne o
pescado.*

---

1 lámina de hojaldre de unos 350 g

250 g de requesón

2 huevos, ligeramente batidos

50 g de parmesano rallado o equivalente
   vegetariano

1 diente de ajo, pelado y troceado

aceite de oliva, para aliñar

copos de sal marina y pimienta negra
   recién molida

Sugerencias por estación

Verano: 450 g de tomate en cuartos,
   1 calabacín en rodajas y 1 puñado
   de albahaca picada

Otoño: 1 calabaza mediana, en cuñas, untada
   en aceite y asada hasta que esté tierna,
   1 cucharada de salvia picada y 1 puñado de
   piñones tostados

Invierno: 350 g de cuñas de remolacha cocida,
   1 cucharadita de tomillo picado y 1 buen
   puñado de nueces troceadas

Primavera: 250 g de puntas de espárragos,
   1 puñado de menta picada y 150 g de
   guisantes descongelados

Tiempo de preparación 40 minutos / **Raciones** 4

Caliente el horno a 200 ºC / gas potencia 6.

Extienda la lámina de hojaldre sobre una bandeja antiadherente.
Si desea preparar cocas individuales, córtela en 4 rectángulos y
dispóngalos algo separados entre sí. Pinche la superficie de la masa
por diversos puntos con un tenedor.

Mezcle el requesón, los huevos, el parmesano y el ajo, salpimente y
añada una hierba de temporada picada. Extienda esta crema sobre
las bases de hojaldre dejando un margen de 1 cm más o menos.

Coloque los ingredientes elegidos sobre la mezcla de requesón,
presionando ligeramente. Rocíe con un poco de aceite de oliva y
salpimiente. Hornee la coca unos 30 minutos si hace una pieza, o
20 minutos si son cocas individuales, hasta que la mezcla de
requesón cuaje y se dore.

Sáquelas del horno y sírvalas calientes o templadas.

Flexible
*Añada 250 g de salmón, trucha o caballa
ahumada templada y desmenuzada sobre
las cocas antes de hornearlas. O añada unos
100 g de embutido justo antes de servirlas,
como jamón serrano, chorizo o salami
(especialmente indicados para las cocas
de verano, otoño y primavera). O 100 g de
lonchas de pato o pollo ahumado para la
coca de invierno.*

Hortalizas de verano asadas
con chile y alubias borlotti

Esta receta es estupenda para aprovechar lo que se guarda en la despensa, y se puede improvisar cuando parecería que no se dispone de nada para cenar. Es perfecta como plato principal equilibrado para dos, o para servir como acompañamiento de un pollo asado (p. 173) con cuscús al limón si los comensales toman carne.

—————————————

1 cebolla morada grande, pelada y cortada
    en cuñas

1 bulbo de hinojo, cortado en cuñas finas

1 calabacín grande, en rodajas de 1 cm

1 chile rojo o verde, partido por la mitad
    y sin semillas

4 hojas de laurel

aceite de oliva

3 tomates maduros, en cuartos

un bote de 400 g de alubias borlotti, escurridas

un buen puñado de aceitunas negras sin hueso

80 ml de vino blanco

copos de sal marina y pimienta negra
    recién molida

Tiempo de preparación 50 minutos / **Raciones** 2

Caliente el horno a 220 ºC / gas potencia 7.

Ponga la cebolla, el hinojo, el calabacín, el chile y las hojas de laurel en una fuente de horno, cerciorándose de que es lo bastante grande para que las hortalizas no queden demasiado amontonadas. Agregue un buen chorro de aceite de oliva, salpimiente y mezcle.

Hornéelo 20 minutos, removiendo las hortalizas una o dos veces, hasta que se ablanden y empiecen a adquirir color. Añada los tomates y cueza 10 minutos más.

Añada las alubias, las aceitunas y el vino blanco. Cueza 5 minutos más, hasta que el tomate todavía conserve la forma pero se formen burbujas en el jugo.

Sírvalo recién salido del horno, o templado, a temperatura ambiente.

Flexible
A mí me gusta mucho añadir lubina a esta mezcla, por su agradable textura y sabor, y porque no tarda en cocerse. Disponga dos filetes de lubina (salpimentados y untados con aceite de oliva) encima de las hortalizas tras 20 minutos de cocción. Esparza los tomates alrededor. Vuelva a meterlo en el horno y siga los pasos de la receta, de modo que el pescado se ase un total de 15 minutos. Otra opción es añadir 100 g de chorizo en dados a la fuente con las hortalizas. Sus jugos rojos y sabor ahumado combinan realmente bien con el resto de ingredientes.

Boniato al horno

Necesitará una o dos guarniciones para acompañar las hamburguesas vegetales de la página siguiente, y tanto esta receta de boniato, dulce y crujiente, como la ensalada casera de hinojo y rábano, cremosa y de sabor intenso, son imbatibles. (Fotografía en páginas siguientes.)

---

4 boniatos medianos-grandes

1 ½ cucharadas de polenta fina

½ cucharadita de pimentón

aceite de oliva

copos de sal marina y pimienta negra
    recién molida

Tiempo de preparación 40-45 minutos / **Raciones** 4

Caliente el horno a 220 °C / gas potencia 7.

Pele los boniatos y córtelos en forma de patatas fritas de 1 cm de grosor. Lávelos bien en agua fría y séquelos con papel de cocina. Páselos a una bandeja de horno. Espolvoréelos con la polenta, el pimentón, una pizca de sal, pimienta y un buen chorro de aceite de oliva (suficiente para impregnar los boniatos). Mézclelo todo y hornéelos 30-40 minutos, dándoles la vuelta unas cuantas veces, hasta que se doren y queden crujientes.

Ensalada de hinojo y rábano

---

1 manzana de piel roja, tipo Braeburn
    o Pink Lady

1 cucharada de zumo de limón

½ bulbo de hinojo

¼ de col lombarda

125 g de rábanos

2 chalotas, peladas

125 g de nata para cocinar

50 g de yogur natural

2 cucharaditas de mostaza de Dijon

2 cucharaditas de vinagre de sidra

1 cucharadita de sal de apio

copos de sal marina y pimienta negra
    recién molida

Tiempo de preparación 15 minutos + 1 hora para enfriar
Raciones 6-8

Retire el corazón de la manzana y córtela en bastoncitos del tamaño de una cerilla. Póngala en una ensaladera y mézclela con el zumo de limón.

Corte el hinojo, la col, los rábanos y las chalotas en láminas o tiras muy finas con un cuchillo muy afilado y mano firme, o bien con mandolina o el accesorio adecuado del robot de cocina. Añádalo todo a la manzana y mézclelo bien.

Mezcle la nata, el yogur, la mostaza, el vinagre y la sal de apio. Agréguele un poco de pimienta e incorpórelo a las otras verduras. Rectifique de condimentos.

Refrigere la ensalada durante 1 hora para que las verduras absorban el aliño y se combinen bien los sabores.

Hamburguesas vegetales
con mermelada de cebolla y mayonesa de harissa

Muy a menudo pensamos en las hamburguesas vegetales como opciones saludables, ¡pero esta es una hamburguesa de capricho! Lleva queso fundido y se come con un panecillo blando de brioche con cebolla dulce, mayonesa especiada, pepinillos y lechuga. Para una experiencia total, sírvala con Boniato al horno y Ensalada de hinojo y rábano (página anterior). (Fotografía en la página siguiente.)

Para la hamburguesa

aceite de oliva

250-300 g de champiñones planos o setas
    portobello, cortados en trozos de 1 cm más
    o menos

1 berenjena grande (de unos 400 g), cortada
    en trozos de 1 cm más o menos

6 dientes de ajo, pelados y troceados

3 cucharadas de salsa marrón inglesa
    (HP o Daddies)

175 g de migas de pan fresco

1 huevo

1 ½ cucharadita de hierbas aromáticas secas
    variadas

copos de sal marina y pimienta negra
    recién molida

Para la mermelada de cebolla

25 g de mantequilla

3 cebollas moradas, en láminas finas

1 diente de ajo, pelado y troceado

60 ml de vinagre balsámico

2 cucharadas de azúcar moreno oscuro

Para servir

4 panecillos de brioche, abiertos por la mitad

100 g de queso cheddar ahumado en láminas

6 cucharadas de mayonesa

1-2 cucharaditas de pasta harissa

hojas de lechuga tipo cogollo

pepinillos en rodajas

Tiempo de preparación 1 hora + 1 hora para enfriar / **Raciones** 4

Para preparar la mermelada, derrita la mantequilla en un cazo grande. Añada la cebolla y el ajo y condimente bien. Rehóguelo a fuego bajo-medio hasta que la cebolla esté bien dorada y caramelizada, unos 20 minutos. Suba el fuego y agregue el vinagre para desglasar el cazo. Añada el azúcar y cueza 5 minutos más, luego condimente de nuevo. Deje templar a temperatura ambiente.

Para elaborar las hamburguesas, caliente 2 cucharadas de aceite de oliva en una sartén grande y fría las setas a fuego fuerte hasta que tomen color y reabsorban sus jugos. Páselas a un bol para que se templen. Vuelva a poner la sartén al fuego. Caliente 2 cucharadas más de aceite y fría la berenjena hasta que quede dorada y tierna, removiéndola para que no se queme. Retire del fuego y deje templar.

Ponga las setas y la berenjena en el vaso de la trituradora junto con el ajo, la salsa marrón, las migas de pan, el huevo y las hierbas. Salpimiente y triture hasta que todo se mezcle bien. Con las manos mojadas, forme 4 hamburguesas y dispóngalas sobre una bandeja forrada con papel vegetal. Déjelas reposar en el frigorífico 1 hora.

Caliente un chorro de aceite de oliva en una sartén. Fría las hamburguesas a fuego medio-fuerte unos 4 minutos por cada lado.

Caliente el gratinador a potencia media-alta. Abra los panecillos y tuéstelos ligeramente por la cara interna. Al mismo tiempo, disponga lonchas de queso sobre las hamburguesas y déjelas bajo el gratinador hasta que este se funda. Mezcle la mayonesa con la pasta harissa. Unte con ella la mitad inferior de los panecillos, luego ponga lechuga y una cucharada de mermelada de cebolla. Disponga la hamburguesa encima, añada pepinillos en rodajas y finalmente una cucharada de mayonesa de harissa.

Flexible

Para preparar una hamburguesa más tradicional de carne, sofría 1 cebolla troceada y 2 dientes de ajo en 25 g de mantequilla. Deje templar y luego mézclelo con 600 g de carne picada de calidad, 6 lonchas de beicon ahumado picado, 1 huevo batido, 1 cucharada de mostaza de Dijon y abundante sal y pimienta. Forme 4 hamburguesas y déjelas enfriar 30 minutos. Fríalas en un poco de aceite de oliva 3-4 minutos por cada lado (al punto) antes de acabarlas con el queso encima bajo del gratinador.

Albóndigas de berenjena y quinoa
con salsa de tomate

*Estas albóndigas parecen y saben
(casi) como las típicas albóndigas
de carne: sorprenderán a cualquiera
que las pruebe y descubra que son
totalmente vegetarianas. A mí me gusta
servirlas con salsa de tomate casera,
abundantes espaguetis y virutas de
parmesano, pero también funcionan
como canapé (pinchadas en un palillo
de aperitivo y con salsa de tomate para
mojarlas), o envueltas en pan plano
con lechuga y mayonesa de ajo.*

---

100 g de quinoa

aceite de oliva

1 cebolla, picada

2 dientes de ajo, pelados y picados

2 berenjenas medianas-grandes (unos 650 g,
    en dados de unos 5 mm)

75 g de pan rallado

50 g de parmesano o equivalente vegetariano,
    y un poco más servir

50 g de aceitunas negras sin hueso, picadas

1 huevo, ligeramente batido

4 cucharadas de semillas de chía

un puñadito de hojas de albahaca

espaguetis cocidos u otro tipo de pasta,
    para servir

copos de sal marina y pimienta negra
    recién molida

Para la salsa

2 latas de 400 g de tomate troceado

185 ml de vino tinto

2 dientes de ajo, pelados y picados

2 cucharadas de aceite de oliva

1 cucharadita de vinagre balsámico

1 cucharadita de azúcar extrafino

Tiempo de preparación 1 hora + 1 hora para enfriar / **Raciones** 6

Para cocer la quinoa, caliente un cazo mediano a fuego fuerte.
Añada la quinoa y sacúdala dentro del cazo unos 30 segundos para
que se empiece a tostar. Agregue 250 ml de agua y hierva 1 minuto.
Baje el fuego. Tape el cazo y cueza 10 minutos. Pasado este tiempo,
apague el fuego y deje reposar 5 minutos antes de destaparlo y
airear la quinoa con un tenedor para separar los granos.

Caliente un chorro de aceite en una sartén grande a fuego medio.
Añada la cebolla y sofríala 5 minutos hasta que empiece a
ablandarse pero sin dorarse. Añada el ajo y la berenjena. Sofríalos
10-12 minutos hasta que la berenjena quede bien tierna. Retire del
fuego, páselo a un cuenco grande y deje templar unos 10 minutos.

Ponga la mezcla de la berenjena y la cebolla, la quinoa, el pan
rallado, el parmesano, el huevo, las aceitunas, las semillas de chía y
la albahaca en el vaso de la trituradora. Salpimiente, luego tritúrelo
hasta que la mezcla forme una masa homogénea. Forme bolitas del
tamaño de una pelota de golf, en total unas 30. Dispóngalas en una
bandeja con papel vegetal o transparente y refrigérelas alrededor de
1 hora.

Para la salsa, ponga todos los ingredientes en un cazo, condimente y
espere a que burbujee. Cueza a fuego lento 20-30 minutos hasta que
el tomate espese (el tiempo dependerá de la marca, ya que algunos
preparados son más espesos que otros).

Caliente un chorro de aceite de oliva en una sartén antiadherente
grande. Añada las albóndigas y cocínelas a fuego medio-fuerte,
dándoles la vuelta con cuidado con frecuencia, hasta que se doren.
Tal vez deba hacerlo en dos tandas según el tamaño de la sartén.

Incorpore con cuidado la salsa de tomate, sirva sobre los espaguetis
y espolvoree con parmesano.

Flexible
*Se puede sustituir la berenjena por 500 g de carne picada de ternera, pollo, cerdo o
cordero. Sofría la cebolla y déjela templar antes de incorporar la carne picada y el
resto de ingredientes. Forme las albóndigas y refrigérelas como se indica. Fríalas en
una sartén a fuego medio 12-15 minutos, dándoles la vuelta a medida que se vayan
dorando y cociendo. Vierta la salsa encima, caliéntelo todo y sirva con los espaguetis.*

Lentejas al horno y bistec de coliflor
con salsa gremolata de nueces del Brasil

¿Quién iba a pensar que la humilde coliflor pudiera tener tantos usos? Ciertamente, ha recorrido un largo camino desde que se hirviera hasta pasarse para usarla como guarnición junto a un guiso. Se puede triturar para obtener cuscús o arroz de coliflor, cubrirla de especias y asarla entera o desmenuzada en cabezuelas (Coliflor asada a las especias, p. 83) e incluso cortarla en láminas gruesas a modo de bistecs, que es exactamente lo que he hecho aquí. Se trata de un plato impresionante para servir a los invitados.

---

4 cucharadas de aceite de oliva

1 cebolla, picada

2 dientes de ajo, pelados y picados

1 rama de apio, picada

2 cucharaditas de semillas de hinojo, algo chafadas

2 hojas de laurel

2 ramitas de tomillo

150 ml de vino blanco

250 g de lentejas de Puy

20 g de setas deshidratadas

2 cucharadas de concentrado de tomate

1 litro de caldo vegetal

2 coliflores medianas

copos de sal marina y pimienta negra recién molida

Para la gremolata

75 g de nueces del Brasil, troceadas

un manojito de perejil, picado

un manojito de albahaca, picada

raspadura fina y zumo de ½ limón

Tiempo de preparación 1 hora 15 minutos / **Raciones** 4

Caliente el horno a 180 °C / gas potencia 4.

Caliente 2 cucharadas de aceite de oliva en una sartén o cacerola apta para el horno. Añada la cebolla, el ajo, el apio, las semillas de hinojo, el laurel y el tomillo. Cueza unos 10 minutos a fuego bajo-medio hasta que las hortalizas se ablanden.

Suba la potencia del fuego e incorpore el vino. Lleve a ebullición y deje reducir a la mitad. Agregue las lentejas, las setas, el concentrado de tomate y el caldo. Hierva suavemente, tape y hornéelo 30 minutos. Retire la tapa y hornéelo 20 minutos más.

Mientras las lentejas se cuecen, retire las hojas de las coliflores y corte dos «bistecs» de 1-2 cm de grosor de la parte central de cada coliflor. (Los bordes externos que se rompan pueden usarse para otras recetas, como la Crema de coliflor y queso, p. 41.)

Caliente una cucharada de aceite de oliva en una sartén grande. Fría los bistecs unos 2 minutos por cada lado para que se doren. Es posible que deba hacerlo por tandas, según el tamaño de la sartén, y añadir más aceite si es necesario. Páselos a una bandeja de horno, salpimiente, y hornéelos 15 minutos hasta que queden tiernos.

Para la gremolata, tueste las nueces del Brasil en el horno 6-8 minutos hasta que se doren. Deje enfriar un poco, luego mézclelas con las hierbas, el zumo y la raspadura de limón y salpimiente.

Retire las ramitas de tomillo y las hojas de laurel de las lentejas y rectifique de sal. Sirva en platos y disponga los bistecs encima. Acabe esparciendo la gremolata sobre cada plato.

Flexible

Una buena alternativa a la coliflor son las supremas de pescado fritas, una por persona, por ejemplo, de bacalao, emperador, merluza, abadejo o carbonero. Añada un hilo de aceite de oliva a una sartén a fuego medio-alto. Enharine ligeramente el pescado con harina especiada y fríalo con la piel abajo 2-3 minutos hasta que se dore. Dele la vuelta y siga cociéndolo en el horno, junto con las lentejas, 6-8 minutos en función del grosor de las supremas.

Ensalada de setas asadas y alubias
con aliño cremoso de anacardos y lima

Esta ensalada es saciante y una maravilla para la salud, lo tiene todo: verduras nutritivas y crujientes, proteínas y fibra. Pero lo mejor es el aliño de anacardos y lima, que se puede hacer repetidamente para otras ensaladas o incluso como salsa para picar. Una vez hecha, se conserva en el frigorífico hasta 5 días, solo hay que mezclarla bien de nuevo antes de su uso.

2 dientes de ajo, pelados y picados

1 cucharadita de orégano seco

1 cucharadita de pimentón

una pizca de copos de guindilla secos

1 cucharadita de comino molido

3 cucharadas de aceite de oliva

1 cucharadita de copos de sal marina

4 setas planas grandes

2 boniatos grandes, pelados y troceados pequeños

150 g de brócoli bimi, troceado pequeño

100 g de judías verdes, partidas por la mitad

100 g de hojas de kale, troceadas pequeñas

2 botes de 400 g de alubias rojas, carillas, de gancho, arrocinas, borlotti o de manteca, escurridas

2 cebollas tiernas, troceadas

pimienta negra recién molida

Para el aliño

80 g de anacardos

80 ml de aceite de oliva virgen extra

½ cucharadita de copos de sal marina

zumo de 1 lima

un manojito de cilantro

½ pimiento picante verde

Tiempo de preparación 45 minutos + 2 horas de remojo
Raciones 4

Para preparar el aliño, remoje los anacardos en un bol con agua fría durante unas 2 horas. Escúrralos bien y aclárelos bajo el grifo. Viértalos en el vaso de la batidora y tritúrelos con 5 cucharadas de agua fría, el aceite de oliva, la sal, el zumo de lima, el cilantro y el pimiento picante, hasta obtener una salsa suave y cremosa. Pruebe y rectifique de sal. Consérvela en el frigorífico hasta el momento de su uso.

Caliente el horno a 220 ºC / gas potencia 7.

Mezcle el ajo, el orégano, el pimentón, la guindilla, el comino, aceite, sal y abundante pimienta negra recién molida. Añada las setas y el boniato para que se impregnen de la mezcla. Páselo todo a una bandeja de horno, y áselo 20-25 minutos, removiéndolo un par de veces para que se cueza por igual.

Mientras se cuecen las setas y el boniato, cocine al vapor o hervidos el brócoli y las judías verdes 3-4 minutos, y añada la col kale en el último minuto. Póngalo en un cuenco grande y mézclelo con las alubias, la cebolla, sal y pimienta, y un par de cucharadas grandes del aliño.

Sirva la ensalada con las setas, enteras o bien partidas por la mitad, y el boniato encima, y agregue más aliño por encima.

Flexible
Sustituya las setas por 1 filete grueso por persona de pescado blanco, como bacalao, emperador o abadejo. Embadúrnelo con las especias y cocínelo con el boniato, pero dele solo la vuelta al boniato durante la cocción.

Rendang malasio de calabaza y calabacín
con lentejas rojas

Este es un plato habitual en mi casa y a menudo preparo el doble de cantidad de pasta y la conservo en un tarro en el frigorífico para preparar una cena rápida otro día. La calabaza, el pimiento rojo y el calabacín aportan un fabuloso colorido al plato, y las lentejas rojas se transforman en una salsa espesa nutricionalmente equilibrada.

_____

aceite de oliva

8-10 vainas de cardamomo, troceadas

1 rama de canela

½ cucharadita de clavos de olor enteros

3 hojas de lima kaffir, partidas en 4 trozos

1 calabaza alargada, pelada y en trozos
    de 3-4 cm

1 pimiento rojo, sin semillas y en trozos
    de 2-3 cm

150 g de lentejas rojas partidas

una lata de 400 ml de leche de coco

400 ml de caldo vegetal

un puñado de coco en láminas

1 cucharada de sirope de agave o jarabe
    de arce

2 calabacines medianos, en trozos de 2-3 cm

copos de sal marina

cuñas de lima, para servir

Para la pasta especiada

4 chalotas, peladas y troceadas

4 dientes de ajo, pelados

1 tallo de hierba limón, troceado

un trozo de jengibre de 2,5 cm, pelado
    y troceado

un trozo de galangal de 2,5 cm, pelado
    y troceado

1 cucharadita de cúrcuma

2 pimientos rojos picantes largos, troceados

1 cucharada de pasta de tamarindo

1 cucharada de aceite de girasol o cacahuete

1 cucharadita de copos de sal marina

Tiempo de preparación 40 minutos / **Raciones** 4

Para preparar la pasta especiada, ponga todos los ingredientes en el vaso de la batidora y triture hasta obtener una mezcla homogénea. Si ha preparado el doble de cantidad, tape la que no vaya a usar y consérvela en el frigorífico hasta 1 semana.

Caliente el aceite en un wok o una sartén grande. Añada la pasta y fríala un minuto. Agregue el cardamomo, la canela, los clavos y las hojas de lima. Sofríalo un minuto más, luego añada la calabaza, el pimiento y las lentejas. Remueva para que se impregne de la pasta, luego vierta la leche de coco y el caldo. Lleve a un suave hervor, tape y cueza 10 minutos.

Mientras, caliente una sartén pequeña en seco a fuego medio. Añada las láminas de coco y el jarabe de arce, y mezcle hasta que se dore y quede crujiente. Retire del fuego.

Incorpore el calabacín al rendang. Hágalo hervir suavemente de nuevo y siga cociéndolo, sin tapar, 10 minutos más. Sale al gusto.

Sírvalo en boles y espolvoree el coco por encima. Acabe con un chorrito de lima.

Flexible

La pasta especiada puede emplearse del mismo modo para preparar un rendang de pollo. Cambie la calabaza, las lentejas y el calabacín por 4 pechugas de pollo grandes (troceadas) y cocínelas del mismo modo. No es necesario usar caldo vegetal porque este solo se precisa para cocer las lentejas. Rebaje el tiempo de cocción a solo 10 minutos en total, en lugar de 20. Si le apetece incluir alguna verdura, como minimazorcas de maíz o judías verdes, añádalas cuando el pollo esté medio cocido.

Pastel de tubérculos y nueces del Brasil

Yo me crié comiendo muchos estofados, tartas y pasteles salados consistentes. La mayoría de ellos contenían carne, pero había un plato vegetariano que mi madre cocinaba para aprovechar restos del frigorífico, mezclado con salsa de queso y rematado con una capa de migas mantecosas crujientes. He modernizado su receta con una salsa más ligera y añadiendo a la capa superior la textura crujiente del queso mezclado con frutos secos. A mis hijos les encanta.

Para el relleno

1 kg de tubérculos, como chirivía, colinabo,
   apio nabo, zanahoria, boniato o calabaza,
   pelados y cortados en dados de 3 cm
2 cebollas, peladas y cortadas en cuñas
unas ramitas de romero
2 cucharaditas de pimentón dulce
aceite de oliva
200 ml de nata para cocinar
3 cucharadas de harina de maíz
1 cucharada de mostaza de grano entero
185 ml de vino blanco
600 ml de caldo vegetal
copos de sal marina y pimienta negra
   recién molida

Para la capa superior

75 g de mantequilla
1 diente de ajo, pelado y troceado
75 g de harina blanca
50 g de copos de avena
75 g de nueces del Brasil, troceadas pequeñas
50 g de parmesano rallado (o equivalente
   vegetariano) o queso cheddar

Tiempo de preparación 1 ½-1 ¾ horas / **Raciones** 4-6

Caliente el horno a 200 °C / gas potencia 6.

Ponga los tubérculos, la cebolla, el romero y el pimentón en una bandeja de horno y mézclelo con un chorro de aceite. Salpimiente, luego áselo en el horno 35-45 minutos, removiéndolo unas cuantas veces, hasta que las hortalizas queden bien tiernas y empiecen a dorarse.

Mientras las verduras se cuecen, bata la nata con el maíz y la mostaza, y reserve.

Para la capa crujiente, mezcle la mantequilla con el ajo, la harina y la avena. Salpimiente e incorpore las nueces del Brasil y el queso.

Retire las hortalizas del horno y ponga la bandeja sobre los fogones a fuego lento. Vierta el vino blanco y lleve a ebullición. Cueza 30 segundos antes de agregar el caldo. Deje que hierva de nuevo, luego incorpore la mezcla de la nata hasta que espese un poco. Retire las ramitas de romero y rectifique de sal.

Páselo todo a una fuente grande o en platos individuales aptos para el horno. Esparza el crujiente por encima, luego hornéelo unos 30 minutos hasta que se dore y el relleno burbujee.

Flexible
Se puede transformar el plato en un pastel de pollo con verduras. Utilice un tercio menos de tubérculos y añada unos 500 g de pechuga de pollo a la bandeja. Una vez asado todo junto, la receta puede acabarse como se indica.

Lasaña de acelgas y berenjena

Esta es una versión libre de la lasaña muy apta para cenas entre semana con amigos. La salsa de tomate puede prepararse con días de antelación y conservarse en el frigorífico. De hecho, a menudo hago el doble y la utilizo a lo largo de la semana para combinar con pasta, salsear albóndigas (p. 123) o añadir a unas pizzas caseras. Si no tiene acelgas, sustitúyalas por espinacas, col verde de hoja lisa, hojas de mostaza, col de primavera… o lo que prefiera.

---

2 berenjenas medianas, en rodajas
    de 1 cm de grosor

aceite de oliva

2 chalotas, peladas y en láminas

200 g de acelgas, troceadas

175 ml de vino blanco

100 g de parmesano rallado fino o equivalente
    vegetariano

2 bolas de mozzarella, en rodajas

200 g de láminas de lasaña frescas

Para la salsa

2 latas de 400 g de tomate troceado

2 dientes de ajo, pelados y troceados

2 cucharadas de aceite de oliva

1 cucharadita de vinagre balsámico

1 cucharadita de azúcar extrafino

copos de sal marina y pimienta negra recién
    molida

Tiempo de preparación 1 hora / **Raciones** 4

Para elaborar la salsa, ponga todos los ingredientes en un cazo, salpimiente y lleve a un suave hervor. Cueza a fuego lento 20-30 minutos hasta que el tomate espese (el tiempo variará en función de la marca, ya que algunos preparados son más espesos que otros).

Caliente el gratinador al máximo. Unte las berenjenas ligeramente con aceite y dispóngalas en una bandeja de horno. Salpimiente. Gratínelas 4-5 minutos por cada lado hasta que se doren y queden blandas.

Caliente el horno a 200 ºC / gas potencia 6.

Caliente un buen chorro de aceite en una sartén y añada las chalotas. Sofríalas a fuego medio hasta que se doren levemente. Agregue las acelgas y sofría hasta que se enmustien. Vierta el vino, y cuando burbujee, salpimiente y retire del fuego.

Para montar la lasaña, empiece con una capa de salsa de tomate en el fondo de una fuente apta para el horno. Luego disponga los ingredientes por capas a su gusto, hasta que los haya utilizado todos, la última capa debe ser de mozzarella y parmesano sobre salsa de tomate, berenjena o acelgas, en lugar de láminas de lasaña. Aliñe con aceite de oliva, salpimiente y póngalo sobre una bandeja de horno.

Hornéelo unos 20 minutos hasta que la salsa burbujee y la capa superior se dore.

Flexible
Se puede preparar este plato en recipientes individuales aptos para el horno, de modo que algunos pueden ser vegetarianos y otros pueden incluir pollo frito o a la plancha. Simplemente disponga la carne con la berenjena. Las gambas cocidas o vieiras fritas quedan igualmente sabrosas; disponga las capas del mismo modo.

Arroz con hinojo y berenjena asados

Soy una gran fan de la cocina española, especialmente de sus arroces y paellas. Me encanta el hecho de que existan tantas variaciones, y como el risotto italiano, se pueden adaptar a los propios gustos o apetencias. Un día, lo preparo vegetariano, y otro día, le añado carne o marisco. Para mí, lo mejor es la capa de arroz tostado que queda en el fondo: el «socarrat» es una delicia.

---

4 minibulbos de hinojo (unos 200 g),
    en cuartos a lo largo
6-8 miniberenjenas (unos 200 g), partidas
    por la mitad
1 pimiento rojo o amarillo, en triángulos
    de 2-3 cm
1 calabacín mediano, en rodajas gruesas
aceite de oliva
1 cebolla, picada
300 g de arroz para paella
1 cucharadita de pimentón picante
una buena pizca de hebras de azafrán
200 ml de vino blanco
800 ml de caldo vegetal caliente
100 g de guisantes congelados, descongelados
1 limón, en cuñas
un puñado de perejil picado
copos de sal marina y pimienta negra
    recién molida

Tiempo de preparación 1 hora / **Raciones** 4

Caliente el horno a 220 ºC / gas potencia 7.

Ponga el hinojo, la berenjena, el pimiento y el calabacín en una bandeja de horno. Añada un chorro de aceite de oliva, salpimiente y mezcle para embadurnar las hortalizas con el aceite. Hornéelas 20 minutos dándoles la vuelta un par de veces hasta que prácticamente se hayan cocido y se doren.

Mientras, caliente una paellera o una sartén grande a fuego bajo-medio y añada un chorro de aceite de oliva. Sofría la cebolla 8-10 minutos hasta que se ablande. Suba el fuego a media potencia o incorpore el arroz, el pimentón y el azafrán. Cueza 1 minuto para empezar a tostar el arroz, luego añada el vino blanco. Debe reducir más o menos a la mitad antes de incorporar dos tercios del caldo. Baje el fuego para que hierva suavemente y cueza 10 minutos sin tapar, removiendo un par de veces.

Incorpore los guisantes, condimente, luego agregue con cuidado las hortalizas asadas. Añada el resto del caldo, disponga las cuñas de limón por encima y cubra con una tapa o con papel de aluminio. Cueza 10 minutos más.

Para conseguir la clásica capa de arroz tostado en el fondo de la paellera, suba el fuego hasta escuchar un ligero crujido. Retire del fuego y deje reposar 5 minutos antes de espolvorear con el perejil y servir.

Flexible
Prepare un arroz de marisco prescindiendo de las hortalizas asadas. Cuando añada los guisantes, agregue unos 350 g de mejillones o almejas, 150 g de gambas crudas peladas y unos aros de calamar. Para una versión mixta, añada un puñado de dados de chorizo y 2-3 muslos de pollo troceados con la cebolla.

Arroz frito coreano
con kimchi sencillo

El kimchi es un plato fermentado tradicional de la cocina coreana que se toma casi con cada comida. Suele prepararse a lo largo de varios días, pero aquí propongo una versión simplificada que es rápida de elaborar, consta de menos ingredientes y puede incluso tomarse enseguida. Si dispone de tiempo, no obstante, introduzca el kimchi en un tarro y déjelo reposar toda la noche a temperatura ambiente, y luego consérvelo en el frigorífico hasta 2 semanas. Una vez el kimchi está listo, el resto de la receta se prepara en un suspiro.

---

1 cucharada de aceite de cacahuete

3 cucharaditas de aceite de sésamo tostado

100 g de col de primavera, col de Saboya
    o kale, troceadas

los tallos verdes de 4 cebollas tiernas, en
    láminas finas cortadas en ángulo

2 dientes de ajo, pelados y troceados

200 g de arroz basmati cocido

2 huevos

salsa de soja, para condimentar

1 cucharadita de semillas de sésamo tostadas

copos de sal marina y pimienta negra
    recién molida

Para el kimchi

1 col china, en tiras finas

250 g de rábano japonés, pelado y rallado

1 zanahoria mediana, rallada

2 cucharadas de copos de sal marina

3 dientes de ajo, pelados y troceados

un trozo de 2,5 cm de jengibre, pelado y rallado

3 cucharadas de vinagre de arroz

2 cucharadas de salsa picante sriracha

1 cucharada de azúcar extrafino

Tiempo de preparación 30 minutos + 1 hora de salazón y una noche de fermentación opcional / **Raciones** 2

Para preparar el kimchi, ponga la col cortada, el rábano japonés y la zanahoria en un cuenco y mézclelo con la sal. Deje reposar 1 hora, mezclando de vez en cuando.

Mientras, combine el ajo con el jengibre, el vinagre, la salsa sriracha y el azúcar.

Pase las hortalizas saladas a un colador y lávelas bajo un chorro de agua fría. Escúrralas bien y sacúdalas para que se sequen sobre un trapo de cocina limpio. Dispóngalas en un cuenco y mézclelas con la salsa picante preparada. Ahora puede dejarlo fermentar una noche dentro de un tarro o utilizar el kimchi tal cual.

Para el arroz frito, caliente el aceite de cacahuete con una cucharadita del aceite de sésamo en un wok. Añada la col, la cebolla y el ajo. Sofría un minuto más o menos hasta que las verduras se enmustien. Agregue el arroz y siga sofriéndolo todo hasta que se caliente bien.

Mientras, caliente una sartén a fuego medio-alto y añada las 2 cucharaditas restantes de aceite de sésamo. Rompa los huevos y fríalos hasta que estén a su gusto. Salpimiente.

Añada un par de cucharadas colmadas de kimchi al arroz, mézclelo en la sartén y condimente con salsa de soja a su gusto.

Sírvalo en dos platos y disponga los huevos fritos encima. Espolvoree con las semillas de sésamo y sírvalo con más salsa de soja.

Flexible
Me encanta el huevo frito encima de este arroz, y resulta igualmente delicioso con unas gambas rebozadas crujientes. Para prepararlas, simplemente reboce 250 g de gambas crudas peladas en harina, luego páselas por huevo batido y finalmente por pan rallado panko. Fríalas con un poco de aceite de girasol hasta que se doren y sírvalas sobre el arroz.

Cintas de pasta
con higos al vino tinto, queso dolcelatte y pecanas

Soy una gran aficionada a la pasta y fácilmente podría escribir un libro entero de recetas de pasta, pero en este me he limitado a unas cuantas, y esta es una de las afortunadas que pasaron la selección. He tomado una de mis combinaciones de ingredientes preferidas –higos, queso azul y frutos secos– para crear un plato absolutamente delicioso.

8 higos maduros, en cuartos

125 ml de vino tinto

2 cucharaditas de vinagre de vino tinto

1 cucharada de miel líquida

un puñadito de hojas de orégano fresco

100 g de nueces pecanas

400 g de láminas de lasaña fresca

75 g de hojas tiernas de espinacas

2 cucharadas de aceite de oliva virgen extra

150 g de queso dolcelatte

copos de sal marina y pimienta negra
    recién molida

Tiempo de preparación 30 minutos / **Raciones** 4

Caliente el horno a 220 ºC / gas potencia 7.

Ponga los higos en una fuente de horno mediana. Mezcle el vino con el vinagre y la miel, y viértalo sobre los higos. Espolvoree con el orégano y salpimiente. Hornéelos 20 minutos, dándoles la vuelta a media cocción.

Mientras se asan los higos, ponga las pecanas en una bandeja y tuéstelas en el horno con los higos 5 minutos.

Lleve una olla de agua con sal a ebullición. Corte o rasgue las láminas de pasta para obtener tiras de unos 2 cm. Cuézalas unos 5 minutos hasta que queden al dente. Escúrralas, devuélvalas inmediatamente a la olla y añada las espinacas y el aceite de oliva. Con unas pinzas, remueva la pasta para que se mezcle con las espinacas mientras estas se ablandan.

Desmenuce el queso, añada las pecanas tostadas, los higos asados y el jugo de su cocción. Remueva con cuidado para mezclarlo todo y sirva.

Flexible
Añada unas lonchas finas de jamón serrano o de Parma a la bandeja de las pecanas para que quede crujiente. Dispóngalo entero o troceado sobre la pasta al servir.

Risotto de espelta y hortalizas de verano

*La rica textura cremosa del clásico
risotto es una de mis opciones
favoritas de comida reconfortante,
especialmente en un día frío. En
verano, me gusta cambiar el arroz por
espelta perlada y cocerla con verduras
y hierbas de temporada para obtener
un plato más ligero y aromático. La
cebada perlada también sirve, aunque
tarda un poco más en cocerse (unos
35-40 minutos), de modo que hay que
añadirle más caldo o agua.*

---

150 g de puntas de espárragos, cortadas
    en trozos de unos 4 cm

150 g de habas frescas o congeladas peladas,
    descongeladas

150 g de guisantes frescos o congelados,
    descongelados

2 cucharadas de aceite de oliva

40 g de mantequilla

1 chalota grande o 2 pequeñas, picadas

300 g de espelta perlada

150 ml de vino blanco

2 cebollas tiernas, en rodajitas

75 g de parmesano rallado fino o equivalente
    vegetariano, y virutas para servir

1 cucharada de albahaca, 1 de cebollino
    y 1 de menta, picados

raspadura fina de 1 limón

copos de sal marina y pimienta negra recién
    molida

aceite de oliva virgen extra, para servir

Tiempo de preparación 45 minutos / **Raciones** 4

Lleve 1 litro de agua a ebullición en una olla grande, con una pizca
de sal. Añada los espárragos y las habas y guisantes, si son frescos.
Si son descongelados, resérvelos. Cueza 2 minutos. Refresque la
verdura cocida en agua con hielo, y conserve el agua de la cocción.
Para un mejor sabor y color, pele las habas para que luzcan su vivo
color verde.

Caliente suavemente el aceite de oliva y la mitad de la mantequilla
en una sartén grande. Cuando la mantequilla burbujee, añada la
chalota y sofríala hasta que se ablande. Mientras, caliente el agua
de cocción reservada a fuego medio y lleve a un suave hervor. Este
será el caldo para el risotto.

Añada la espelta a las chalotas y remueva un minuto más o menos.
Vierta el vino y cueza hasta que se absorba.

Poco a poco, agregue el caldo, a cucharones, removiendo casi
constantemente hasta que quede absorbido antes de añadir más.
Pasados 15 minutos, debería haber utilizado casi todo el caldo y la
espelta debería estar tierna.

Añada los espárragos, las habas y los guisantes cocidos o
descongelados, y la cebolla, y remueva hasta que se calienten bien,
agregando más caldo si el risotto parece demasiado espeso.

Incorpore el parmesano rallado, el resto de la mantequilla, las
hierbas y la raspadura de limón. Condimente al gusto. Tape y
deje reposar un par de minutos antes de servirlo en platos o boles.
Espolvoree con virutas de parmesano, un poco de pimienta negra y
un hilo de aceite de oliva virgen extra.

Flexible

*Esta receta admite muy bien unos restos de pollo asado
o lacón desmenuzado. Si le gusta el pescado, utilice
caballa, trucha o salmón ahumados desmenuzados.
Simplemente, incorpore la carne o pescado al añadir las
verduras.*

Coca turca
con espinacas y berenjena

El «pide» turco se parece a la pizza,
sin salsa de tomate pero con un
colorido y aromático toque turco.
Tradicionalmente, esta pizza en
forma de barco se rellena con
hortalizas, especias, queso y/o carne,
principalmente de cordero. Yo he
preparado esta sabrosa versión
vegetariana con espinacas, berenjena
y feta, pero se puede ser tan creativo
como uno desee y utilizar diversidad
de ingredientes, como si se tratara de
una pizza.

---

una bolsita de 7 g de levadura seca de acción
    rápida
1 cucharadita de azúcar extrafino
300 g de harina blanca de fuerza, y un poco
    más espolvorear
2 cucharaditas de sal
aceite de oliva
2 berenjenas medianas, en rodajas finas
1 cebolla morada, en láminas finas
2 dientes de ajo, pelados y troceados
1 cucharadita de comino molido
250 g de hojas tiernas de espinacas
150 g de queso feta, desmenuzado
1 cucharada de semillas de sésamo
1 cucharada de semillas de comino negro
copos de sal marina y pimienta negra
    recién molida
un puñadito de hojas de menta

Tiempo de preparación 1 hora + 30 minutos de reposo / **Raciones** 4

Ponga la levadura y el azúcar en un cuenco pequeño con
2 cucharadas de agua templada. Mezcle y reserve unos minutos
hasta que se empiecen a formar burbujas en la superficie.

Ponga la harina, sal y 2 cucharadas de aceite de oliva en un cuenco
grande. Añada la mezcla de la levadura y poco a poco incorpore
170 ml de agua templada mientras lo amasa todo con la otra mano.
Si le parece que lo necesita, añada más agua procurando que la
masa no quede demasiado húmeda. Cuando empiece a formarse una
bola, póngala sobre una superficie enharinada y amásela
6-7 minutos hasta obtener una pasta suave y elástica. Dispóngala
en un bol limpio, cúbrala con papel film transparente y deje que
suba en un lugar cálido unos 30 minutos.

Mientras, caliente el gratinador. Unte las berenjenas con aceite de
oliva. Póngalas en una bandeja de horno y gratínelas unos minutos
por cada lado hasta que se doren. Retire del horno y reserve.

Caliente un chorro de aceite en una sartén y sofría la cebolla unos
8 minutos hasta que se ablande y se dore. Añada el ajo y el comino.
Cueza 1 minuto antes de incorporar las espinacas para que se
enmustien. Salpimiente, retire del fuego.

Caliente el horno a la máxima potencia. Divida la masa que ha
dejado leudar en cuatro partes. Forme un óvalo con cada trozo,
espolvoree con harina y extiéndalo. Páselos a un par de bandejas de
horno y pinche la superficie de la masa varias veces.

Reparta las hortalizas entre las cocas, dejando un margen alrededor.
Pellizque los extremos de la masa y doble los márgenes sobre el
relleno para darles forma de barco. Esparza el feta y las semillas
de sésamo y de comino negro por encima, rocíe con aceite de oliva y
salpimiente. Hornee las cocas 10 minutos hasta que la masa se dore.
Decore con hojas de menta al servir.

Flexible
Para añadir carne a la receta, prescinda de la berenjena y sofría unos 200 g
de carne de cordero picada con la cebolla, y siga los pasos indicados. También
puede preparar un pide de marisco: omita la berenjena y mezcle 200 g de gambas
cocidas con la cebolla cocida y las espinacas antes de disponerlas sobre la masa.

Tortas de coles de Bruselas, quinoa y boniato

Estas tortas de patata son la versión moderna de la tradicional receta británica de «bubble and squeak». Son rápidas de preparar si se dispone de sobras de puré de boniato o quinoa cocida en el frigorífico. Son ideales para acompañar una sencilla ensalada de tomate y cebolla, o mitades de tomate al horno. También se puede añadir un huevo frito o escalfado encima para aportar proteínas.

---

200 g de quinoa (a mí me gusta usar una mezcla de blanca y roja)

500 ml de agua o caldo vegetal

750 g de boniato, pelado y troceado

aceite de oliva

1 cebolla grande, en láminas finas

250 g de coles de Bruselas, en láminas finas

2 dientes de ajo, pelados y troceados

raspadura fina de 1 limón

1 cucharada de mostaza de grano entero

1 ½ cucharadas de semillas de chía

copos de sal marina y pimienta negra recién molida

Para servir

200 g de yogur griego

2 cucharadas de mayonesa

raspadura fina de ½ limón

un puñado de albahaca, troceada

Tiempo de preparación 1 hora / **Raciones** 4

Para cocer la quinoa, caliente una olla mediana a fuego fuerte. Añada la quinoa y tuéstela unos 30 segundos. Mueva la olla para que no se pegue. Vierta el agua o el caldo y hierva 1 minuto. Baje el fuego. Cubra con tapa y cueza 10 minutos. Pasado este tiempo, apague el fuego y deje reposar 5 minutos antes de destapar y airear la quinoa con un tenedor para separar los granos.

Mientras se hace la quinoa, puede cocer al vapor o hervir los boniatos hasta que estén tiernos, antes de chafarlos y reservarlos.

Caliente 2 cucharadas del aceite de oliva en una sartén y sofría la cebolla 5 minutos. Suba la potencia del fuego, añada las coles de Bruselas y el ajo y sofría hasta que las coles queden tiernas, añadiendo un poco de agua si van a pegarse a la sartén. Mézclelo con la quinoa, el boniato chafado, la raspadura de limón, la mostaza y la chía, y salpimiente. Forme ocho tortitas y deje enfriar hasta que las necesite o bien fríalas enseguida.

Caliente un chorro de aceite en una sartén grande a fuego bajo-medio y fría las tortitas 2-3 minutos por cada lado para que se doren.

Mezcle el yogur con la mayonesa, la raspadura de limón, la albahaca, sal y pimienta negra recién molida. Sirva un par de tortas por persona con una cucharada de yogur especiado.

Flexible
Sirva las tortas con beicon a la plancha por encima o acompañadas de salchichas asadas.

Tayín de hinojo, calabaza y aceitunas verdes

El tayín vegetal es un buen plato para servir cuando se tienen invitados porque puede prepararse con antelación y luego calentarlo antes de comer. Esta receta en concreto rebosa de especias y sabores aromáticos, y he incluido garbanzos para aportar proteína. Es saciante por sí misma, pero puede servirla con cuscús para que absorba el jugo.

---

1 ½ cucharaditas de semillas de comino

1 ½ cucharaditas de semillas de cilantro

2 cucharadas de aceite de oliva

2 cebollas, troceadas

3 dientes de ajo, pelados y troceados

1 cucharada de salsa harissa

1 ½ cucharaditas de pimentón

½ cucharadita de cúrcuma

1 ramita de canela

500 g de calabaza pelada, en dados de 3 cm

2 bulbos de hinojo, en rodajas gruesas; conserve algunas hojas si las tiene

1 limón en conserva, picado fino y sin semillas

600 ml de caldo vegetal

2 tomates maduros grandes, troceados

un bote de 400 g de garbanzos, escurridos

150 g de aceitunas verdes grandes sin hueso

50 g de dátiles secos, partidos por la mitad

copos de sal marina y pimienta negra recién molida

un puñado de cilantro o perejil fresco, troceado, para servir

Tiempo de preparación 1 hora / **Raciones** 4

Caliente una sartén pequeña a fuego medio-fuerte. Añada las semillas de comino y cilantro y remueva hasta que suelten su aroma. Páselas al mortero y cháfelas bastamente.

Ponga una cacerola grande a fuego medio-fuerte y añada el aceite de oliva. Añada la cebolla y sofríala 5 minutos hasta que se ablande.

Agregue el ajo, la harissa, el pimentón, la cúrcuma, la canela y las semillas chafadas de comino y cilantro. Siga sofriéndolo un minuto más o menos. Incorpore la calabaza y el hinojo, hasta que se impregnen de la cebolla, luego añada el limón y el caldo. Lleve a un suave hervor y tape. Cueza 15 minutos.

Añada el tomate, los garbanzos, las aceitunas y los dátiles, y deje pochar sin tapar unos 10 minutos, hasta que todas las verduras queden tiernas y la salsa espese.

Retire la rama de canela y salpimiente. Decore con las hojas de hinojo, si dispone de ellas, y perejil o cilantro troceado.

Flexible

Para preparar un tayín de pollo, reduzca la cantidad de hinojo y calabaza a la mitad, luego fría 6-8 muslos de pollo partidos por la mitad al añadir el ajo y las especias. Para un tayín de pescado, reduzca la cantidad de hinojo y calabaza a la mitad, luego añada unos 600 g de pescado blanco de carne firme en dados (como pargo o rape) al agregar el tomate.

Ensalada de superalimentos a la barbacoa
con vinagreta de pomelo

La próxima vez que encienda la barbacoa, pruebe esta receta. Todas las verduras se pueden asar (o en una plancha en la cocina), servirse sobre un lecho de quinoa y luego animarlo todo con la vinagreta de pomelo. Es un plato perfecto tal cual, o puede formar parte de un festín si organiza una gran reunión veraniega.

---

200 g de quinoa

500 ml de agua o caldo vegetal

1 calabaza, pelada y en rodajas de
   1 cm de grosor

1 cebolla morada, pelada y en cuñas

200 g de brócoli bimi

un manojo de espárragos, partidos por la
   mitad a lo largo si son muy gruesos

un manojo de cebollas tiernas, limpias

1 aguacate grande, pelado, sin hueso
   y en láminas gruesas

aceite de oliva

2 cucharadas de semillas de calabaza

2 cucharadas de semillas de girasol

Para la vinagreta

raspadura y zumo de ½ pomelo

2 cucharaditas de miel

1 cucharadita de mostaza de grano entero

80 ml de aceite de oliva

copos de sal marina y pimienta negra
   recién molida

Tiempo de preparación 30 minutos / **Raciones** 4

Para cocer la quinoa, caliente una olla mediana a fuego fuerte. Añada la quinoa y tuéstela en la olla unos 30 segundos. Mueva la olla para que no se pegue. Vierta el agua o el caldo y hierva 1 minuto. Baje el fuego. Cubra con tapa y cueza 10 minutos. Pasado este tiempo, apague el fuego y deje reposar 5 minutos antes de destapar y airear la quinoa con un tenedor para separar los granos.

Caliente una plancha a fuego fuerte. Aliñe todas las verduras preparadas con un poco de aceite. Por tandas, cocínelas a la plancha hasta que se chamusquen un poco y queden tiernas. El tiempo de cocción dependerá de cada hortaliza; por ejemplo, la calabaza tardará unos 8 minutos y la cebolla tierna, 4 minutos. Si se chamuscan demasiado pero no se cuecen, páselas a una bandeja de horno y siga cociéndolas al horno, a 180 ºC / gas potencia 4.

Mientras se cuecen las hortalizas, caliente una sartén pequeña a fuego medio y añada las semillas. Remuévalas durante un minuto más o menos para que se doren y se tuesten.

Para preparar el aliño, ponga todos los ingredientes en un tarro pequeño limpio, salpimiente y agítelo hasta que se mezclen bien.

Cuando todas las hortalizas estén listas, mézclelas con cuidado con la quinoa cocida y la vinagreta. Espolvoree las semillas tostadas por encima y sirva el plato caliente o a temperatura ambiente.

Flexible
Las opciones son interminables para esta receta. Se pueden incorporar gambas peladas a la ensalada, cociéndolas con las hortalizas en la plancha. El salmón ahumado en dados queda delicioso con la ensalada. También combina bien para acompañar el pollo (p. 173), cordero (p. 176) o pato asado.

Dips
y bocados
para picar

Labneh

A veces las recetas más simples proporcionan resultados impresionantes. Lo que empieza como un humilde yogur acaba como un exquisito queso oriental maravillosamente versátil.

Esta es una receta básica que puede añadirse a ensaladas y pan plano, aliñada con aceite, untada en tostadas, usada como dip para mojar verduras o desmenuzada sobre un guiso. El labneh también constituye un delicioso desayuno o postre servido con miel y fruta.

Al preparar la receta básica, se pueden añadir hierbas aromáticas, ajo, raspadura de cítricos o especias al yogur antes de escurrirlo. Así se crean sabores muy interesantes. Juegue con la receta y disfrute preparando su propio queso cremoso.

---

500 g de yogur griego o yogur natural entero
½ cucharadita de sal

Tiempo de preparación 5 minutos + 24-48 horas para escurrir
Raciones 4-6

Mezcle el yogur con la sal.

Forre un bol con una tela de muselina o quesera. Vierta el yogur sobre la tela. Una los extremos para formar un paquete prieto. Átelo firmemente con cuerda, dejando un lazo para colgarlo.

Ahora, o bien pase una cuchara larga de madera o algo similar por el lazo y cuelgue el paquete sobre un cuenco hondo o sobre el fregadero, o bien disponga el paquete sobre un colador con un cuenco debajo. Deje escurrir el yogur 24-48 horas. Le sorprenderá la cantidad de líquido que soltará, y obtendrá un labneh espeso y relativamente seco. Se conserva refrigerado hasta 1 semana.

Salsa de tomate con tofu

Esta salsa se ha convertido en una de las recetas preferidas de mi casa, especialmente para los niños. Empecé a prepararla cuando me cansé de oírles pedir (¡o exigir!) pasta con salsa de tomate para cenar. Por apetitosa que sea, comprendí que no era un plato equilibrado porque no contenía proteínas. Entonces di con esta receta. Les encantó y a mí me gusta porque puedo congelarla y así disponer de una comida casi lista a mano. Y además de servirla con pasta, puede utilizarse como cualquier otro tipo de salsa de tomate: para acompañar unas patatas al horno, para elaborar lasaña, como ingrediente de la pizza o incluso para mojar unos nachos y gratinarla con queso por encima.

---

2 cucharadas de aceite de oliva

1 cebolla, picada

1 rama de apio, picada

1 zanahoria, picada

1 calabacín, picado

2 dientes de ajo, pelados y troceados

1 hoja de laurel

2 latas de 400 g de tomate troceado

una pizca de copos de guindilla secos (opcional)

1 cucharadita de vinagre balsámico

1 cucharadita de azúcar extrafino

200 g de tofu sedoso

copos de sal marina y pimienta negra recién
    molida

Tiempo de preparación 30 minutos / **Raciones** 4

Caliente el aceite en una sartén y sofría la cebolla, el apio y la zanahoria unos 10 minutos hasta que se ablanden. Añada el calabacín, el ajo y la hoja de laurel. Suba la potencia del fuego y sofría 3-4 minutos.

Incorpore el tomate, los copos de guindilla, si los usa, el vinagre, el azúcar, una buena pizca de sal marina y pimienta negra. Lleve a un suave hervor, cubra sin encajar la tapa y cueza a fuego lento 20-30 minutos hasta que la salsa espese.

Pásela al vaso de la batidora, retirando la hoja de laurel y añadiendo el tofu. Triture hasta obtener una salsa suave y cremosa.

Utilícela enseguida o consérvela en el frigorífico hasta 5 días. También puede dividirla en porciones individuales y congelarla hasta 3 meses.

Lo mejor del humus es que se pueden añadir multitud de sabores al concepto básico de garbanzos triturados y tahina, tanto si se trata de ingredientes de temporada como de hierbas aromáticas o especias al gusto. He aquí un par de mis versiones predilectas. El de zanahoria y harissa combina con platos de Oriente Medio, mientras que el de guisantes y acedera resulta fresquísimo cuando es temporada de disfrutar del aroma alimonado de la acedera. Puede probar la misma receta con rúcula, berros, albahaca o brotes de guisantes. Si estas variantes no le motivan, tome su pan de pita con el Humus con ajo y limón asados (p. 74).

Humus de zanahoria y harissa

500 g de zanahorias

2 cucharadas de aceite de oliva

½ cucharadita de comino molido

1 cucharada de miel

un bote de 400 g de garbanzos, escurridos
(conserve el líquido)

4 cucharadas de tahina

1 diente de ajo, pelado y troceado

1 cucharada de pasta harissa

unas gotas de zumo de limón

copos de sal marina y pimienta negra
recién molida

Para servir

1 cucharadita de pasta harissa

aceite de oliva virgen extra

zumaque

un puñadito de piñones tostados

Tiempo de preparación 45 minutos / **Raciones** 6-8

Pele las zanahorias y córtelas en bastoncitos gruesos. Colóquelas en una bandeja de horno pequeña y mézclelas con el aceite de oliva y el comino, y salpimiente. Áselas 20 minutos, dándoles la vuelta un par de veces.

Rocíe las zanahorias con la miel y remueva para que se impregnen. Devuélvalas al horno 10 minutos más hasta que queden tiernas y se doren. Retire del horno y deje templar a temperatura ambiente.

Pase las zanahorias al vaso de la batidora, junto con los garbanzos, la tahina, el ajo, la harissa y el limón, y condimente. Triture bien hasta obtener una pasta homogénea. Si el humus parece espeso, aligérelo con un poco de aceite de oliva o con el líquido de conserva de los garbanzos. Rectifique de sal.

Sirva el humus en un cuenco, dibuje un remolino con la harissa, riegue con un hilo de aceite de oliva virgen extra, añada un poco de zumaque y acabe esparciendo los piñones por encima. Sírvalo enseguida o consérvelo en el frigorífico hasta 5 días.

Humus de guisantes y acedera

un bote de 400 g de garbanzos, escurridos

200 g de guisantes congelados, descongelados

1 diente de ajo, pelado y troceado

15 g de acedera (si no es temporada, pruebe
con menta, albahaca, rúcula o berros)

raspadura de ½ limón

4 cucharadas de tahina

1 cucharadita de sirope de agave o miel

2 cucharaditas de copos de sal marina

Tiempo de preparación 10 minutos / **Raciones** 6-8

Esta receta no podría ser más fácil. Solo hay que ponerlo todo en el vaso de la batidora y triturarlo hasta obtener una pasta espesa. Rectifique de sal y sirva enseguida o conserve en el frigorífico hasta 5 días.

La próxima vez que tenga invitados, absténgase de abrir una bolsa de patatas fritas o frutos secos tostados para ofrecer con el gin-tonic: atrévase a preparar estos tentempiés. Ambos son fáciles y divertidos de elaborar; además, son una delicia.

Garbanzos crujientes al wasabi

2 botes de 400 g de garbanzos, escurridos
1 clara de huevo
2 ½ cucharadas de wasabi en polvo
2 cucharaditas de harina de maíz
1 cucharadita de sal
1 cucharadita de azúcar extrafino

Tiempo de preparación 1 hora / **Raciones** 6-8

Caliente el horno a 200 ºC / gas potencia 6.

Seque los garbanzos con papel de cocina y espárzalos sobre una bandeja de horno. Hornéelos 30 minutos, moviendo la bandeja un par de veces durante la cocción. Bata ligeramente la clara de huevo hasta que espumee. Incorpore los garbanzos y remueva para que se impregnen.

Mezcle 2 cucharadas del wasabi, la harina de maíz, la sal y el azúcar, y combínelo con los garbanzos. Páselo todo a la bandeja de horno y hornéelo 20-25 minutos moviendo de vez en cuando la bandeja, hasta que queden dorados y crujientes. Espolvoree con la ½ cucharada restante de wasabi para intensificar el picante y deje enfriar antes de servir.

Frutos secos ahumados al jarabe de arce

25 g de mantequilla
3 cucharadas de jarabe de arce
2 cucharaditas de copos de sal marina
1 cucharadita de pimentón picante
400 g de frutos secos variados

Tiempo de preparación 30 minutos / **Raciones** 6-8

Caliente el horno a 160 ºC / gas potencia 3. Forre una bandeja de horno con papel vegetal.

Ponga la mantequilla, el jarabe de arce, la sal y el pimentón en una sartén grande. Caliéntelo todo junto hasta que la mantequilla burbujee. Añada los frutos secos y remueva para que se impregnen de la mezcla pegajosa.

Viértalo en la bandeja de horno y dispóngalo formando una capa con la ayuda de una cuchara de madera.

Hornéelo 12 minutos, removiendo a media cocción. Deje templar por completo antes de servir. Al enfriarse, los frutos secos adquirirán firmeza y quedarán crujientes.

Vinagreta clásica

El aliño puede salvar una ensalada, y hacerlo en casa no tiene por qué ser difícil ni requerir mucho tiempo.

100 ml de aceite de oliva virgen extra

100 ml de aceite de cacahuete

1 cucharada de zumo de limón

2 cucharadas de vinagre de vino blanco

2 cucharaditas de miel líquida

1 cucharadita de mostaza de Dijon

1 diente de ajo pequeño, pelado y partido
  por la mitad

sal marina y pimienta negra recién molida

Ponga todos los ingredientes en un tarro con tapa de rosca y agite bien. Salpimiente. Pruebe y añada más vinagre, miel o mostaza si lo cree necesario. Los ingredientes que utilice pueden variar enormemente de intensidad, de modo que siempre hay que probar el aliño.

Si puede, déjelo reposar como mínimo 1 hora para que el aroma del ajo se mezcle bien. Guarde el aliño sobrante en un sitio fresco y a la sombra, no en la nevera. Agítelo bien antes de usarlo. Se conservará durante semanas.

Aliño de tahina

Ideal para ensaladas al estilo de Oriente Medio: cuscús, berenjena, granada, falafel, pan plano, etcétera.

2 cucharadas de tahina

2 cucharadas de yogur natural

zumo de ½ limón

2 cucharadas de aceite de oliva virgen extra

1 diente de ajo mediano, pelado y troceado

6 cucharadas de agua

Mézclelo todo junto. Si el aliño resulta demasiado espeso, dilúyalo con un poco más de agua.

Consérvelo refrigerado. Utilícelo antes de 1 semana.

Aliño de tofu, miso y jengibre

Este aliño cremoso de inspiración asiática es exquisito con una ensalada de fideos con hortalizas crudas. Se puede añadir a una ensalada de col con cacahuetes o simplemente sobre una ensalada verde con cebolla tierna.

100 g de tofu sedoso

3 cucharadas de vinagre de arroz

3 cucharadas de pasta miso blanca

60 ml de agua

2 cucharadas de jengibre encurtido, troceado

1 diente de ajo, pelado y troceado

1 cucharada de aceite de sésamo tostado

Simplemente, eche todos los ingredientes en el vaso de la batidora y triture hasta obtener una mezcla suave, añadiendo más agua si es necesario.

Consérvelo en el frigorífico y consúmalo en 3-4 días.

Pesto de tomate asado y albahaca

En contraste con los dos pestos de la página 165, este requiere cierta planificación, ya que los tomates se asan lentamente en el horno para extraer su dulzor natural.

Este pesto es ideal con pan plano o como alternativa a la salsa de tomate en la pizza. También se puede mezclar con pan rallado para gratinados o pescado empanado, y con masa de pan antes de hornearla, incorporar al cuscús o usar para condimentar una bruschetta o crostini.

_____

8 tomates pera maduros

2 dientes de ajo, en láminas finas

2-3 ramitas de tomillo

15 g de hojas de albahaca

50 g de piñones tostados

50 g de parmesano rallado o equivalente vegetariano

150 ml de aceite de oliva, y un poco más aliñar

copos de sal marina y pimienta negra recién molida

Tiempo de preparación 1 hora 20 minutos / **Raciones** 4

Caliente el horno a 120 ºC / gas potencia ½.

Corte los tomates en cuartos, retire las semillas y dispóngalos en una capa sobre una bandeja de horno, con la parte cortada hacia arriba. Aliñe ligeramente con aceite de oliva, espolvoree con el ajo laminado y el tomillo. Sale y hornee durante alrededor de 1 hora hasta que el tomate se arrugue y parezca que se vaya a secar pero siga jugoso.

Deje templar los tomates, luego póngalos en el vaso de la batidora con la albahaca, los piñones y el parmesano. Triture para trocearlo bastamente, luego poco a poco añada el aceite de oliva hasta que obtenga una consistencia de pesto grueso, pero no puré. Condimente al gusto y sirva.

Pesto de pistachos y kale

La col kale proporciona al pesto una textura algo firme y una sensación saludable. Pruébelo con huevos escalfados sobre una tostada, como salsa para unas patatas nuevas asadas, con verduras a la plancha o mezclado con humus.

100 g de hojas de kale preparadas (separadas de los tallos)

1 diente de ajo grande, pelado y troceado bastamente

15 g de hojas de albahaca

50 g de parmesano rallado o equivalente vegetariano

50 g de pistachos pelados

raspadura fina y zumo de ½ limón

125 ml de aceite de oliva

copos de sal marina y pimienta negra recién molida

Lleve a ebullición una olla grande con agua y una buena pizca de sal. Llene un bol con agua fría y reserve.

Ponga el kale en el agua hirviendo y cocínelo solo 1 minuto. Retírelo con una espumadera y páselo al agua fría para que se enfríe instantáneamente.

Escurra bien el kale. Póngalo en el vaso de la batidora junto con el resto de ingredientes. Triture hasta obtener la consistencia deseada. Salpimiente al gusto.

Pesto de cilantro, cacahuete y chile

Este pesto es ideal para añadir a unos fideos cocidos, incorporar a caldos asiáticos o untar en bocadillos. También se puede convertir en condimento para ensaladas con más aceite y un poco de vinagre de arroz.

75 g de cilantro (hojas y tallos)

50 g de cacahuetes tostados sin sal

1 diente de ajo, pelado y troceado bastamente

1 chile rojo largo, sin semillas y troceado

raspadura fina y zumo de ½ lima

100 ml de aceite de cacahuete

copos de sal marina

Tiempo de preparación 10 minutos / **Raciones** 4

Ponga todos los ingredientes, excepto el aceite y la sal, en el vaso de la batidora y triture brevemente. Con el motor en marcha, añada el aceite para conseguir un pesto suave. Sale al gusto.

Caldo vegetal

Se puede comprar caldo vegetal preparado de calidad, pero si dispone de tiempo, intente preparar este caldo casero y congélelo por raciones.

Muchas recetas de caldo vegetal simplemente hierven las verduras con hierbas aromáticas en agua, pero a mí me gusta sofreír las verduras antes de añadir el agua para obtener un resultado más sabroso.

---

2 cucharadas de aceite de oliva

2 cebollas, sin pelar y en cuartos

2 zanahorias, troceadas bastamente

2 puerros, troceados bastamente

1 bulbo de hinojo, troceado bastamente

2 ramas de apio, troceadas bastamente

4 dientes de ajo, sin pelar

4 hojas de laurel

un manojito de perejil

½ cucharadita de granos de pimienta negra

2 cucharaditas de copos de sal marina

Tiempo de preparación 1 hora / **Salen** alrededor de 3,5 litros

Caliente el aceite en una olla muy grande a fuego medio.

Añada la cebolla, la zanahoria, el puerro, el hinojo, el apio y el ajo. Sofríalo todo 5 minutos hasta que se dore un poco y empiece a ablandarse.

Añada las hojas de laurel, el perejil, la pimienta, la sal y 4 litros de agua fría. Lleve a ebullición, luego baje el fuego, tape y cueza suavemente 45 minutos.

Pruebe y rectifique de sal. Escurra y deje templar el caldo antes de pasarlo a los recipientes para conservarlo en el frigorífico hasta 1 semana o en el congelador hasta 6 meses.

Salsa de pimiento rojo ahumado, alubias y nueces

Esta receta proporciona un tentempié rico en proteínas, o un aperitivo impresionante antes de la cena. Para ahorrar tiempo, se pueden comparar los pimientos asados en bote. El sabor es bueno, si bien no tiene nada que ver con el dulzor e intensidad de los pimientos asados en casa. (Fotografía en páginas siguientes.)

---

3 pimientos rojos

100 g de nueces peladas

un boto de 400 g de alubias blancas, escurridas

1 diente de ajo, pelado

4 cucharadas de aceite de oliva virgen extra,
    y un poco más para servir

1 cucharadita de comino molido

½ cucharadita de pimentón dulce

1 cucharadita de pasta harissa, o más, al gusto

Tiempo de preparación 30 minutos / **Raciones** 6-8

Caliente el gratinador al máximo.

Ponga los pimientos a gratinar dejando que la piel se chamusque, dándoles la vuelta unas cuantas veces. Déjelos en un bol y cúbralos con papel film transparente. Espere 15 minutos antes de pelarlos y retirar el rabito y las pepitas.

Caliente el horno a 200 °C / gas potencia 6.

Esparza las nueces sobre una bandeja de horno y tuéstelas 8-10 minutos hasta que se doren. Vigílelas para que no se quemen. Sáquelas del horno y deje templar.

Ponga los pimientos en el vaso de la batidora junto con las nueces (reserve algunas para decorar), las alubias, el ajo, el aceite, el comino, el pimentón y la harissa. Triture hasta obtener una pasta más bien homogénea. Salpimiente. Pruebe y rectifique de harissa según prefiera un sabor más picante o menos.

Trocee bastamente las nueces reservadas. Sirva la salsa en un bol y esparza las nueces por encima. Añada un hilo de aceite de oliva virgen extra.

Dip de remolacha y requesón

*Esta receta se puede preparar con
remolacha precocida, pero asarla
en casa mejora mucho el resultado.
Cuando la remolacha está lista, el
resto es rápido y fácil. Sirva con pan
de pita tostado, bastones o verduras
crujientes. Mi opción preferida son las
hojas de endivia, ya que su amargor
combina de maravilla con el ligero
dulzor de esta cremosa salsa.*

———————————————

250 g de remolacha cruda

aceite de oliva

200 g de requesón

raspadura fina de 1 limón

½ manojo de cebollino, troceado, y un poco
    más servir

1 cucharada de vinagre de vino tinto

copos de sal marina y pimienta negra
    recién molida

Tiempo de preparación 1 hora / **Raciones** 6-8

Caliente el horno a 200 °C / gas potencia 6.

Frote la remolacha y corte los extremos. Pártala en cuartos y
dispóngala en una bandeja de horno. Alíñela con aceite de oliva y
salpimiéntela. Cubra con papel de aluminio y ásela durante
45 minutos o hasta que esté cocida del todo, dándole la vuelta una o
dos veces.

Deje templar la remolacha y pásela al vaso de la batidora. Agregue
el requesón, la raspadura de limón, el cebollino y el vinagre, y
salpimiente. Triture hasta que obtenga una consistencia espesa.
Pruebe y rectifique de condimentos.

Pase la salsa a una fuente y utilícela enseguida o consérvela en el
frigorífico hasta 5 días.

Sirva con más cebollino y un poco de pimienta negra.

En su punto

/pollo asado

/bistec a la plancha

/tiras de cerdo

/espalda de cordero

/supremas de pescado

Pollo asado

un pollo de 1,6-1,8 kg de cría campera
   o ecológico
aceite de oliva
55 g de mantequilla, a temperatura ambiente
copos de sal marina y pimienta negra recién
   molida
300 ml de caldo de pollo (opcional)

Sabores para añadir a la mantequilla:

- 3 dientes de ajo, pelados y troceados,
  y 1 cucharada de romero fresco picado
- 1 cucharada de pimentón, raspadura fina
  de 1 limón
- 1 cucharada de especias garam masala,
  1 cucharadita de chili en polvo
- 1 cucharadita de canela en polvo,
  1 cucharadita de comino en polvo,
  1 cucharadita de jengibre en polvo
  y raspadura de ½ naranja
- 2 cucharaditas de polvo de cinco especias
  chinas, raspadura fina de 1 lima
- 2 dientes de ajo, pelados y troceados,
  raspadura fina de 1 limón, 2 cucharaditas
  de orégano y 1 cucharadita de pimentón
  picante
- 1 cucharada de especias ras-el-hanout
  (mezcla norteafricana)

El pollo es un ingrediente extremadamente versátil que permite casi cualquier estilo de cocina y admite prácticamente cualquier sabor para aromatizarlo. Asar un pollo entero es muy sencillo: simplemente úntelo con la mantequilla y sálelo, siga las instrucciones que se detallan aquí, y el resultado final será una carne suculenta y jugosa que puede servirse caliente o fría. También se pueden añadir toda clase de hierbas, raspaduras y especias a la mantequilla, que combinarán de forma sorprendente con los platos que prepare. La clave consiste en comprar un pollo e ingredientes de la mejor calidad posible para conseguir un gran sabor y producto final.

Tiempo de preparación 1 ½ horas / **Raciones** 4

Seque la piel con papel de cocina y déjelo fuera del frigorífico 30 minutos antes de cocinarlo.

Caliente el horno a 200 ºC / gas potencia 6.

Añada un poco de aceite a una bandeja de horno, luego disponga el pollo encima. Pinte, unte o extienda la mantequilla sobre la piel del pollo. Salpimiente. Coloque el pollo con las pechugas hacia abajo y hornéelo 40 minutos, regándolo con el jugo de vez en cuando.

Dele la vuelta al pollo para que quede con las pechugas hacia arriba. Riéguelo con los jugos de la cocción y devuélvalo al horno 20 minutos más para que se dore. Para saber si está cocido, pínchelo entre el muslo y la pechuga con una broqueta. El jugo debe salir limpio. Si es rosado, hornéelo 10 minutos más.

Pase el pollo asado a una fuente, con las pechugas hacia abajo, así el jugo mantendrá las pechugas jugosas. Deje reposar 15 minutos. Dele la vuelta al pollo para servir.

Si desea aprovechar al máximo los jugos de la bandeja de cocción, póngalos a fuego fuerte en los fogones. Cuando hierva, incorpore el caldo de pollo y rasque los restos pegados en la base de la bandeja. Hierva un par de minutos, cuélelo y utilícelo para mojar el pollo cortado.

Bistec a la plancha

Al estilo indio

semillas de 10 vainas de cardamomo

1 cucharadita de semillas de comino

1 cucharadita de semillas de cilantro

½ cucharadita de granos de pimienta negra

1 cucharadita de cayena

½ cucharadita de cúrcuma en polvo

1 cucharadita de copos de sal marina

Muélalo todo bastamente

Al estilo cajún

1 cucharadita de orégano seco

1 cucharadita de tomillo seco

1 cucharadita de pimentón

½ cucharadita de cayena

1 cucharadita de sal de ajo

½ cucharadita de pimienta negra molida

Simplemente mézclelo todo

Al estilo asiático

2 estrellas de anís

1 cucharadita de semillas de hinojo

1 cucharadita de copos de guindilla secos

6 clavos de olor

½ cucharadita de jengibre molido

1 hoja de lima kaffir seca o 1 cucharadita
   de hierba limón seca

½ cucharadita de pimienta negra

1 cucharadita de copos de sal marina

Muélalo todo bastamente

Al estilo marroquí

1 cucharadita de semillas de cilantro

1 cucharadita de semillas de comino

1 ramita de canela

1 cucharadita de pimentón

1 cucharadita de cayena

unas hebras de azafrán

½ cucharadita de cúrcuma en polvo

1 cucharadita de copos de sal marina

Muélalo todo bastamente

Existen muchos tipos de corte para bistec, cada uno con un sabor y una textura diferenciados: entrecot, solomillo, babilla, redondo, entraña, paleta… todos rápidos de preparar y cocinar. No se complique y condiméntelos con sal y pimienta o elija una de las combinaciones de especias indicadas que encaje con su receta.

Combinaciones de especias

Todas las recetas aportan suficiente cantidad para aromatizar cuatro raciones de carne (según el tamaño). Las sobras pueden conservarse en un recipiente o tarro hermético. Estas combinaciones funcionan con carne de cordero, pollo, cerdo e incluso piezas suculentas de pescado como salmón, bacalao, emperador, atún y pez espada.

Para aplicarlas, muela los ingredientes en un molinillo para especias o en el mortero. Embadurne los filetes con aceite de oliva y luego cúbralos con las especias. Se pueden cocinar enseguida o dejar que las especias maceren la carne durante al menos 1 hora para intensificar su sabor.

Cocinar la carne

- Saque los cortes del frigorífico unos 30 minutos antes de cocerlos para que se templen a temperatura ambiente.
- Ponga una plancha o sartén antiadherente a fuego fuerte hasta que esté bien caliente.
- Embadurne los filetes con aceite y salpimiéntelos. Cuézalos en la plancha hasta que se doren bien.
- Siga cociendo la carne dándole la vuelta cada 30 segundos, hasta que esté a su gusto.
- Para un filete de 2 cm de grosor, por lo general, los tiempos de cocción son los siguientes: poco hecho, 4 minutos; al punto, 7 minutos; bien hecho, 10 minutos.
- Si el corte de carne incluye una tira de grasa lateral, con las pinzas de cocina sujete el filete en vertical sobre la plancha para que la grasa se dore.
- Retire la carne de la plancha, dispóngala en un plato bien caliente y déjela reposar unos minutos (es esencial) antes de servir.

Tiras de cerdo a la mostaza con jarabe de arce

una paleta de cerdo deshuesada,
    sin piel, de 2 kg

100 g de copos sal marina

150 g de azúcar moreno

2 cucharadas de mostaza en polvo

1 cucharadita de cayena

75 g de mostaza en grano

75 ml de jarabe de arce

150 ml de zumo de naranja

Para obtener una pieza de cerdo asado jugosa y tierna, a mí me gusta cocerla sin piel. Puede pedirle al carnicero que se la prepare así o hacerlo usted con un cuchillo afilado, cerciorándose de dejar una capa de grasa en la carne y cortar la piel de una pieza. Entonces se puede untar con un poco de aceite, salar con sal marina y asarla con la parte de la piel hacia arriba en una fuente de horno durante 40-50 minutos. El resultado es un chicharrón dorado, crujiente y salado.

Tiempo de preparación 8 horas + una noche en sal / **Raciones** 6-8

La víspera, ponga la carne de cerdo en una fuente o una bolsa grande para alimentos. Mezcle la sal con el azúcar y espolvoree con ellos la carne. Deje en el frigorífico toda la noche para eliminar el exceso de agua, ablandar la carne y condimentarla uniformemente.

Al día siguiente, limpie la carne de la sal azucarada y dispóngala en una bandeja de horno. Mezcle la mostaza en polvo con la cayena e impregne con ellas la carne. Deje reposar y templar a temperatura ambiente durante unos 30 minutos.

Mientras tanto, caliente el horno a 140 °C / gas potencia 1.

Mezcle la mostaza en grano con el jarabe de arce y viértalo sobre la carne cerciorándose de que quede toda cubierta. Ponga el zumo de naranja en la bandeja junto con 125 ml de agua, y deje que se cueza en el horno durante 7 horas. Si empieza a dorarse demasiado hacia el final de la cocción, cúbralo holgadamente con papel de aluminio. Si la base de la bandeja se va a secar, añada un poco más de agua.

Retire del horno y deje reposar 20-30 minutos, cubierto holgadamente con papel de aluminio.

Pase la carne a una fuente o tabla de servir. Desmenúcela en tiras con ayuda de dos tenedores. Retire la grasa del jugo de cocción y sirva el jugo para regar la carne.

Cordero asado a fuego lento al estilo de Oriente Medio

1 paletilla de cordero, con hueso,
    de unos 1,8-2 kg

2 cebollas, peladas y troceadas

6 dientes de ajo enteros, pelados

zumo de 1 limón

4 cucharadas de melaza de granada

1 cucharadita de canela molida

1 cucharadita de comino molido

1 cucharadita de cilantro molido

1 cucharadita de chile en polvo

1 cucharada de aceite de oliva

copos de sal marina y pimienta negra
    recién molida

Para servir (opcional)

un puñado de semillas de granada

un puñado de hojas de menta troceadas

un puñado de pistachos o almendras
    en láminas tostadas

No hay nada mejor que tener algo en el horno que se hace solo: al sacarlo, basta con llevarlo a la mesa. El aromático sabor de este cordero es igual de delicioso frío, por lo que las sobras pueden disfrutarse acompañadas de muchos de los platos que contiene este libro.

Tiempo de preparación 5 horas / **Raciones** 6-8

Deje templar el cordero a temperatura ambiente sacándolo del frigorífico unos 30 minutos antes de cocinarlo.

Caliente el horno a 160 ºC / gas potencia 3.

Ponga la carne sobre una tabla de cortar, con la piel hacia arriba, y practique leves cortes en la piel con un cuchillo afilado. Esparza la cebolla y el ajo en la base de una fuente de horno grande y vierta 250 ml de agua. Disponga el cordero sobre la cebolla.

Mezcle el zumo de limón, la melaza de granada, la canela, el comino, el cilantro, el chile, el aceite, una buena pizca de sal y la pimienta negra. Viértalo poco a poco sobre el cordero.

Cubra la fuente de horno con una tapa o con papel de aluminio, cerrándola bien. Ase la carne 3 ½ horas, luego destápela. Siga asándola 30 minutos más para que la parte superior se dore, subiendo la potencia del horno si cree que debería tostarse más.

Cuando el cordero esté listo, páselo a una fuente de servir grande y déjelo reposar 20-30 minutos, cubierto holgadamente con papel de aluminio.

Con cuidado, recoja el jugo de la cocción en un bol. Retire toda la grasa que pueda y luego riegue de nuevo la carne con el jugo. Sirva el cordero, que se deshará de tierno, troceado para que absorba el jugo de la fuente. Si utiliza semillas de granada, menta troceada y pistachos o almendras, espárzalos sobre la carne.

Supremas de pescado, preparaciones varias

Cocinar pescado suele ser mucho más fácil y rápido que cocinar carne. Pida consejo a su proveedor acerca del tipo de pescado de temporada y la mejor manera de prepararlo. Sin pagar más, cortarán el pescado en supremas y lo prepararán para que lo cocine. También pueden darle información sobre la sostenibilidad, algo que debe usted tener en cuenta porque las poblaciones de algunas especies populares están en peligro.

Qué buscar

Los filetes de pescado deben ser de carne limpia, húmeda y firme. Cuanto más fresco, mejor aspecto y olor tendrá el producto. Si no está seguro de la calidad, compre pescado precongelado, que suele congelarse en el momento de mayor frescor. Existen dos categorías principales de pescado: el «redondo» y el «plano». Estos son los tipos de pescado redondo que se venden fileteados:

Blanco Bacalao, emperador, merluza, abadejo, merlán, carbonero. Fabulosos comodines; cocínelos de cualquier modo.
Rosado Salmón, trucha marina, trucha arco iris. También son versátiles; cocínelos de cualquier modo.
Azul Caballa, sardina, arenque. En supremas, ideales a la plancha o fritos.
De aguas cálidas Lubina, besugo, salmonete, pargo. Para freír, asar o cocer al vapor.
Carnoso Atún, pez espada. Para la plancha o frito.

Entre los pescados planos, se hallan el fletán, el lenguado, la platija, la lenguadina, el rémol y el rodaballo. Suelen venderse enteros, pero en filetes son ideales para el horno, al vapor o fritos.

Condimentación y tamaño de las raciones

Cuando se trata de aromatizar el pescado, lo mejor es dejar que el sabor sutil del pescado prevalga, especialmente si se sirve de acompañamiento con uno de los platos del presente libro, repletos de sabor. Salpimiente el pescado antes de cocerlo, luego añada unas gotas de limón o lima una vez cocinado.

Como norma, se calcula un filete de 175-225 g por persona para un plato principal.

Métodos de cocción sencillos

Cocinar el pescado en exceso lo vuelve seco y correoso. Lo que se pretende es calentar la carne uniformemente y conseguir que conserve cierta humedad. Observe el lado del filete durante la cocción. Si pasa de translúcido a opaco en el centro, se nota firme pero aún no se separa la carne, es momento de detener la cocción.

Frito Añada un poco de aceite en una sartén antiadherente. Enharine ligeramente el pescado (para que se dore y para evitar que se pegue). Fríalo a fuego medio 2-7 minutos, en función del grosor.

A la plancha Precaliente la plancha al máximo. Unte el pescado en aceite y condiméntelo. Cocínelo a fuego fuerte 2-6 minutos, en función del grosor, dándole la vuelta una sola vez. Si utiliza grill, deben verse las marcas de las líneas en ambos lados.

A la papillote Ponga el filete sobre una lámina de papel de aluminio, añada un poco de aceite o mantequilla, sal y pimienta, hierbas aromáticas al gusto, y/o rodajas de limón. Envuelva el pescado creando un envoltorio holgado, bien cerrado. Hornéelo a 220 °C / gas potencia 7 unos 10-15 minutos.

Asado / al horno Ideal para supremas más gruesas de salmón o bacalao con piel. Unte el pescado con aceite, condiméntelo y dispóngalo con la piel hacia abajo sobre una bandeja de horno antiadherente. Hornéelo 10-15 minutos a 180 °C / gas potencia 4.

Al vapor Ponga una vaporera de bambú o metal sobre una olla con agua hirviendo. Disponga el pescado sobre papel vegetal engrasado, un lecho de hierbas aromáticas u hojas verdes (espinacas, col, hoja de plátano). Condimente y tape. Cuézalo al vapor 4-10 minutos (según el grosor).

Índice

Agradecimientos

Quisiera dar las gracias a todas las personas implicadas en la creación del presente libro, en particular a mi maravillosa coordinadora editorial, que puso el proyecto en marcha.

Mi enorme agradecimiento a Susan Bell por las espectaculares fotografías del libro. Tienes un talento asombroso para que todo parezca sencillo. Facundo Bustamante: no solo eres un fantástico ayudante para Susan, sino también un entusiasta aficionado a la gastronomía, ¡eso es un plus!

Becci Woods: no alcanzo a expresar mi gratitud por ayudarme con las fotos. Eres una estilista culinaria fenomenal, trabajadora y divertida en la cocina. Muchas gracias a Ella Hughes acompañarnos en las sesiones de fotos. Con una actitud hacia el trabajo como la tuya, llegarás lejos.

Gracias a Alex Breeze por el maravilloso atrezo: hiciste que todo encajara. Y a Canvas Home por la estupenda vajilla que empleamos en las sesiones.

Mi profundo agradecimiento a familiares y amigos por probar mis platos, especialmente a Phil, Olly y Rosa por soportar la invasión de la casa durante la sesión de fotografía (y por conseguir no romper nada… ¡uf!).

Gracias a mis superagentes Borra, Jan y Louise de DML: ¡he aquí otro libro de cocina para engrosar la librería!

Y finalmente, pero no por ello menos importante, gracias a todos los lectores que utilicen este libro. Espero que disfruten cocinando tanto como yo he disfrutado creando las recetas.

¡Feliz cocina a todos!